中國學術思想 研究輯刊

十一編

林慶彰 主編

第 3 冊

《詩經》、《詩序》、《左傳》關聯問題研究

林思妤 著

花木蘭文化出版社

國家圖書館出版品預行編目資料

《詩經》、《詩序》、《左傳》關聯問題研究／林思好 著 —— 初版
—— 新北市：花木蘭文化出版社，2011〔民100〕
目 4+172 面；19×26 公分
（中國學術思想研究輯刊 十一編：第 3 冊）
ISBN：978-986-254-450-1（精裝）
1. 詩經　2. 左傳　3. 研究考訂
030.8　　　　　　　　　　　　　　　　100000686

ISBN-978-986-254-450-1

9 789862 544501

中國學術思想研究輯刊
十一編　第三冊　　　　　　　ISBN：978-986-254-450-1

《詩經》、《詩序》、《左傳》關聯問題研究

作　　者　林思好
主　　編　林慶彰
總 編 輯　杜潔祥
出　　版　花木蘭文化出版社
發 行 所　花木蘭文化出版社
發 行 人　高小娟
聯絡地址　新北市永和區中正路五九五號七樓之三
　　　　　電話：02-2923-1455／傳眞：02-2923-1452
網　　址　http://www.huamulan.tw 信箱 sut81518@ms59.hinet.net
印　　刷　普羅文化出版廣告事業
封面設計　劉開工作室
初　　版　2011 年 3 月
定　　價　十一編 40 冊（精裝）新台幣 62,000 元

作者簡介

林思好，雲林縣人。國立高雄師範大學國文學系、雲林科技大學漢學資料整理研究所畢業，現為斗六國中教師。秉守祖訓：「繼祖宗一脈真傳克勤克儉，示子孫兩條正路惟讀惟耕。」耕讀為首，智識尤要，幼承庭訓，濡染家澤深矣！研究所期間，蒙林師葉連殷殷啟導，得一窺《詩經》堂奧，本書之能付梓，亦是恩師之玉成。投身教育行列將屆九載，冀戮力順導後學，共振孔鐸。

提　　要

　　本論文旨在探析《詩經》、《詩序》、《左傳》的關聯問題，期能將三者彙整成有系統的整體。在章節的安排上共分為六個章節及兩個附錄。

　　自先秦時代迄今，二千多年來，《詩經》這部重要的典籍一直被視為珍貴的文化資產，除可作為考察周朝政治、社會環境的主要依據之外，其所蘊含的思想更是對後來的儒家產生深遠的影響。而因為時代久遠且歷經戰國及秦代的動亂，大量先秦典籍遭受焚毀因而散佚殘闕，致使後代學者在研究《詩經》時衍生了許多問題。有關《詩序》的作者問題以及《詩序》的可信度，從宋代以來便是學者討論的焦點。筆者認為，當《詩》的本質、功能確認之後，《詩序》的存廢問題才有進一步討論的空間。而欲瞭解《詩經》的本質，其時代背景的掌握是首要之務。臣下作詩、陳詩、獻詩，其用意在「主文而譎諫」，使「言之者無罪，聞之者足以戒」，因此，《詩》在周代之初，其教戒作用是顯而易見的。關於春秋時期《詩》篇應用的普遍，則可從《左傳》中的記載清楚得知。《左傳》之中有不少對話內容徵引了《詩經》的作品，君臣之間或賦詩言志，或引詩以斷是非，並記錄了詩與禮樂的關係。從各國之間賦詩、引詩風氣的盛行，可看出《詩經》在當時的重要性。

　　賦詩言志的方法：一曰斷章取義；二曰就詩取喻。賦詩活動多出現於外交朝聘宴享的重要場合。引詩方法：一曰直用詩義；二曰引申詩義；三曰斷章取義；四曰引詩譬喻。引詩活動多屬君王、臣子之間的對答。從春秋時期國與國之間賦詩、引詩風氣盛行的情況來看，《詩經》的政教美刺作用即明顯可知，而《詩序》也正是闡發《詩經》微言大義的重要文獻。

目

次

第一章　緒　論

第一節　研究動機和目的

　　自先秦時代迄今，二千多年來，《詩經》這部重要的典籍一直被視爲珍貴的文化資產，除可作爲考察周朝政治、社會環境的主要依據之外，其所蘊含的思想更是對後來的儒家產生深遠的影響。直至今天，有關《詩經》研究的論著可說是多如牛毛，這些著作，或剖析《詩經》篇章內容，或探討《詩經》六義，或檢視《詩序》〔註1〕的可信與否，或針對古音古韻作研究，或據以了解周朝人物歷史、典章制度、山川地理等方面的研究，都不乏其人。而因爲時代久遠且歷經戰國及秦代的動亂，大量先秦典籍遭受焚毀因而散佚殘闕，致使後代學者在研究《詩經》時衍生了許多問題。〔註2〕其中，筆者在閱讀《詩經》相關的資料時發現，有關《詩序》的作者問題以及《詩序》的可信度，從宋代以來便是學者討論的焦點，而這個問題歷經元、明、清代以至現今仍然懸而未決。〔註3〕

─────────────

〔註 1〕　本論文所提及的《詩序》，皆是指《毛詩序》而言，若涉及今文經的《序》，則會詳加標明。

〔註 2〕　衍生的問題，如：孔子刪《詩》說，《詩序》作者問題，秦、漢《詩經》各家來源問題，《魯詩》、《齊詩》、《韓詩》著述亡佚問題，尊《序》、廢《序》的論爭等。

〔註 3〕　夏傳才先生曾說：「關於《毛詩序》，兩千年來，一直是《詩經》研究中爭論的重要問題之一。主要的爭論：一是《詩序》作者的問題，二是〈大序〉、〈小序〉的問題，三是《詩序》的存廢問題，四是對〈大序〉分析和評價問題。」詳見《詩經研究史概要》（台北：萬卷樓圖書有限公司，1993 年），頁 93。

有關《詩序》作者問題，《四庫全書總目‧詩序》羅列了十數種說法：

> 案《詩序》之說，紛如聚訟。以爲《大序》子夏作，《小序》子夏、毛公合作者，鄭玄《詩譜》也。以爲子夏所序《詩》即今《毛詩序》者，王肅《家語注》也。以爲衛宏受學謝曼卿作《詩序》者，《後漢書‧儒林傳》也。以爲子夏所創，毛公及衛宏又加潤益者，《隋書‧經籍志》也。以爲子夏不序《詩》者，韓愈也。以爲子夏惟裁初句，以下出於毛公者，成伯璵也。以爲詩人所自製者，王安石也。以《小序》爲國史之舊文，以《大序》爲孔子作者，明道程子也。以首句即爲孔子所題者，王得臣也。以爲毛《傳》初行尚未有《序》，其後門人互相傳授，各記其師說者，曹粹中也。以爲村野妄人所作，昌言排擊而不顧者，則倡之者鄭樵、王質，和之者朱子也。……自元、明以至今日，越數百年，儒者尚各分左右袒也。豈非說經之家第一爭詬之端乎？〔註4〕

雖然在宋代以前，即有學者懷疑《詩序》的作者及成書年代，然而這「說經之家第一爭詬之端」最主要的引爆點，還是在於南宋朱熹的《詩序辨說》。

朱熹《詩序辨說》卷首云：

> 《詩序》之作，說者不同，或以爲孔子，或以爲子夏，或以爲國史，皆無明文可考。惟《後漢書‧儒林傳》以爲衛宏作《毛詩序》，今傳於世。則《序》乃宏作明矣。〔註5〕

又云：

> 及至毛公引以入經，乃不綴篇後，而超冠篇端；不爲注文，而直作經字；不爲疑辭，而遂爲決辭。其後三家之傳又絕，而毛說孤行，則其抵牾之迹無復可見。故此《序》者遂若詩人先所命題，而《詩》文反爲因《序》以作。於是讀者轉相尊信，無敢擬議。至於有所不通，則必爲之委曲遷就，穿鑿而附合之。〔註6〕

朱熹依據《後漢書‧儒林傳》的記載，確認東漢衛宏爲《詩序》的作者，所以安於廢《序》，造成南宋以後《詩序》存廢問題聚訟紛紜。以呂祖謙爲首的

〔註4〕 清‧永瑢、紀昀等撰：《武英殿本四庫全書總目提要》（台北：臺灣商務印書館，2001年），卷15，經部15，詩類一，頁1之321。

〔註5〕 朱熹：《詩序辨說》（台北：藝文印書館，1965年），頁1。

〔註6〕 朱熹：《詩序辨說》，頁1。

尊《序》派，與以朱熹爲首的廢《序》派形成壁壘分明的兩大陣營。〔註7〕呂祖謙的《呂氏家塾讀詩記》博採諸家之說，內容偏重毛、鄭等漢儒舊說，並時引史書或前人論述，使漢學傳統得以延續不絕；而朱熹的《朱子語類》中有頗多對《詩序》的批評，曰：「看來《詩序》當時只是箇山東學究等人做，不是箇老師宿儒之言，故所言都無一事是當。」〔註8〕以爲《詩序》之說乃是穿鑿附會，不足盡信！主張運用文學觀點，領會詩的意境。

　　筆者認爲，想要探究《詩序》的可信與否，其正確路徑是必須先回歸《詩經》原典，瞭解究竟《詩序》是否符合「《詩》本義」？而在此之前，則必須先探討《詩經》在周代編定之初，它的性質及作用爲何？章學誠《文史通義・易教上》曾說：「六經皆史也。古人不著書；古人未嘗離事而言理，六經皆先王之政典也。」〔註9〕其「六經皆史」的主張，認爲六經是史學研究的材料，此說固然肯定了《詩經》保存周代歷史的價值，然而，吾人更應關切的是，當《詩》被選擇、編纂的同時，其目的性爲何？而所謂的「《詩》本義」，是純粹依據《詩經》本文逐字逐句闡釋、藉以吟詠情性的文學功能？抑或寄寓教戒內涵，讓周天子得以「經夫婦，成孝敬，厚人倫，美教化，移風俗」〔註10〕的政教作用？這是必須先釐清的。當《詩》的本質、功能確認之後，《詩序》的存廢問題才有進一步討論的空間。

　　欲瞭解《詩經》的本質，其時代背景的掌握是首要之務。周公制禮作樂，欲建立一禮制社會，鞏固周朝政權。周王有鑒於夏、商二朝因君王無德而滅亡，深知上天依據民意以判斷君王是否行德政來決定天命是否轉移，〔註11〕因此命人陳詩以觀民風，遣行人振木鐸徇於路以采詩，使諷誦箴諫各有官守，目的在「觀風俗，知得失，自考正也」。〔註12〕臣下作詩、陳詩、獻詩、諷誦

〔註7〕攻《序》與尊《序》的論爭在南宋時期達至高峰。攻《序》的代表人物，主要有鄭樵、朱熹、王質、楊簡等；尊《序》的代表人物，主要有范處義、呂祖謙、嚴粲、陳傅良等。

〔註8〕宋・黎靖德編，王星賢點校：《朱子語類》（北京：中華書局，1986年），卷80，詩一，綱領，頁22。

〔註9〕章學誠：《文史通義・易教上》（台北：世界書局，1989年），頁1。

〔註10〕漢・鄭玄箋，唐・孔穎達等正義：《毛詩正義・關雎・序》（台北：藝文印書館，1955年），收入清・阮元校：《十三經注疏附校勘記》，卷1，頁15。文後若再用到此版本之十三經，只註明書名、卷數及頁數。

〔註11〕林師葉連：《詩經論文》（台北：台灣學生書局，1996年），頁163～164。

〔註12〕漢・班固撰，唐・顏師古注：《漢書・藝文志第十》，收入楊家駱主編：《新校本漢書集注并附編二種》（台北：鼎文書局，1978年），卷30，頁1708。

詩，其用意也在「主文而譎諫」，使「言之者無罪，聞之者足以戒」，〔註13〕因此，《詩》在周代之初，其教戒作用是顯而易見的。爾後，春秋時期各國間的折衝樽俎，更能明顯看出《詩經》的流佈與應用。

關於春秋時期《詩》篇應用的普遍，可從《左傳》中的記載清楚得知。《左傳》傳注《春秋》，記載的時代上起魯隱公元年（722B.C.），下迄魯哀公二十七年（468B.C.），前後共計255年。書中詳實地記錄了當時政治、經濟、軍事、文化等各方面重要的歷史事件，以及當時人物的政治主張、歷史見解和宗教觀念，是研究春秋時期歷史的重要文獻。而從各國之間賦詩、引詩風氣的盛行，可看出《詩經》在當時的重要性。孔子曾說：「誦《詩》三百，授之以政，不達；使於四方，不能專對。雖多，亦奚以爲？」〔註14〕正說明了《詩》三百在外交上具舉足輕重的地位。

而這些配合外交言談內容及當時情境所賦、所引的《詩》，與《詩序》內容是否相切合？是否爲引申關係？是否爲具隱喻性質的「興」的筆法？這是本論文所關注、欲解決的問題。在未確定《詩序》是否可信以前，便須假借其他相關文獻從另一審視角度切入。本論文選擇以《左傳》一書爲基礎來探析《詩經》與《詩序》的關聯，試圖將《詩經》、《詩序》、《左傳》三者串聯成一有系統的整體。除了冀圖藉著《左傳》中的賦詩、引詩來重新檢討《詩序》的價值之外，也期待賦予《左傳》「斷章取義」此說法新的理解方式。

而爲何選擇《左傳》做爲檢視的依據，考量的因素主要有三：其一、回歸時代背景、歷史脈絡中作探究。《左傳》記載春秋史實，保存許多珍貴的歷史畫面，詳實生動的筆觸，使人能夠清楚掌握春秋時期各國往來的活動。其二、由《左傳》賦詩、引詩的記載，可看出當時《詩經》流傳情況。其三、《左傳》記載史事的時間點，正含括賦詩、引詩漸盛而後漸衰的歷程，可完整看出演變情形。假若以賦詩、引詩的總篇數，一一比對《詩序》及《左傳》的內容，其結果或可用來論斷《詩序》與《左傳》的關聯性。若二者的關聯緊密，一方面可據以證明《詩序》的可信，是爲了闡明《詩》本義，重新建立《詩序》在《詩經》學史上的地位，並推擴探討「《詩經》爲第一部民間歌謠總集」、屬純文藝作品的的可議處；另一方面也可證明《左傳》不少賦詩、引

〔註13〕漢・鄭玄箋，唐・孔穎達等正義：《毛詩正義・關雎・序》，卷1，頁16。
〔註14〕清・阮元校勘：《十三經注疏・論語注疏・子路》（台北：藝文印書館，1989年），卷13，頁116。

詩並非「斷章取義」，仍是關乎《詩》本義或引申義。

第二節　研究方法

一、文獻資料分析法 〔註 15〕

　　本論文所探討的對象包括《詩經》、《詩序》、《左傳》三者，藉由文獻資料的分析，直接回歸原典，從文本之中來探究三者的關聯。其步驟是先考察《詩經》與《詩序》之關聯，再探析《詩經》與《左傳》之關係，再與《詩序》內容做比較，並佐以先秦典籍如《國語》、《論語》、《孟子》、《荀子》等相關記載作印證，以歷代學者的文獻記載作為輔助材料，參考各家說法，讓不同觀點多方呈現，相互對照後加以敘述評論，使研究的結果更圓融完整。

二、歷史研究法

　　所謂的「歷史研究法（Historical Approach）」，是一個借自域外的新名詞。要了解作品，必須考慮到作品產生的時代背景，它與當時的社會、政治、哲學等方面的關係。〔註 16〕因此，不可避免地，在做文獻探討時，勢必須從時代背景著手，從先秦的時空背景分析《詩經》在當時的性質作用，從《左傳》所記錄政治上的賦詩、引詩風氣探究《詩》的流傳與應用，透過「《詩》本義」的確定，擴大探討《詩序》內容的眞實性，並旁以〈孔子詩論〉為證，探討其與《詩序》的淵源關係。

三、批判、歸納法

　　所謂的批判法，其方式是整合前人研究成果，再加上自己整體論述，形成判準依據，以判別是非得失及其中意義價值。本文在客觀理解原典的依準

〔註15〕「文獻的內涵本質是過去發生的社會事實記錄，並屬於有歷史價值而保留下來的知識。」換言之，從文獻資料所展幅的社會事實記錄裡，歷史文化的種種因革變化，因語言文字的傳述而得以保留下來，所以運用此研究法有助於我們建立一時間意識，觀察過去到現在的同異處，以及未來的可能轉向。葉至誠、葉立誠：《研究方法與論文寫作》（台北：商鼎文化出版社，2002年），頁 136。

〔註16〕劉介民：《比較文學方法論》（台北：時報文化出版事業，1990年），頁 185。

下，歸納、彙整學者的研究，而後提出自己的意見，並整理《左傳》賦詩、引詩與《詩序》的比較表格，以判定《左傳》與《詩序》二者之間的關聯性。

第三節　前人研究成果探討

　　本文所欲研究的主要面向，包括：《詩序》與《詩經》的關聯、《詩經》與《左傳》的關聯以及《左傳》賦詩、引詩與《詩序》的關聯三方面，目的在藉由《左傳》中的賦詩、引詩來重新檢視《詩序》的價值。目前學界對於《詩經》、《詩序》、《左傳》三者的研究，已累積不少的成果。

　　研究《左傳》賦詩言志、言語引詩的專著，主要有楊向時《左傳賦詩引詩考》、張素卿《左傳稱詩研究》、曾勤良《左傳引詩賦詩之詩教研究》等。

一、楊向時《左傳賦詩引詩考》

　　此書將內容分為上篇——賦詩考、下篇——引詩考兩部份。上篇先泛論賦詩場合、儀式及通則，再彙錄賦詩活動並陳述己見；下篇亦先說明引詩方法，再彙錄引詩事件加以探討。

二、張素卿《左傳稱詩研究》

　　此書根據《左傳》稱詩來考察春秋時代的詩學活動。首先討論稱詩的分類及其界定標準，然後分別觀察、分析，將稱詩釐分為三類：賦詩、歌詩與引詩，得出詩的運用率皆與政事、世局息息相關。稱詩運用的主要特徵，可以「斷章取義」一言蔽之，「斷章取義」務求取合己意，切合「事境」、「語境」為主，所以詩雖舊貌，而其義維新，並進一步將稱詩納入詩學脈絡之中，闡釋其意義。

三、曾勤良《左傳引詩賦詩之詩教研究》

　　此書依照《左傳》十二公的次第區分章節，不以引詩、賦詩或內容做分類，目的在編年之意，以易於了解紀事之本末。曾氏認為《詩經》自作者以下，公案多而難解，詩的本義無法確知，因此列舉《詩序》、《詩集傳》敘述的內容，並以學者李辰冬的考辨略論於後，認為李辰冬的辨解頗近於詩的原貌，而且又無妨於《左傳》的引詩、賦詩，因此引述以存一說。而《左傳》

的引詩賦詩，不在詩的本義，多爲引詩斷章，且由襄公二十九年季札觀風、雅、頌及歌舞所作的評述，可略知孔子論詩前的《詩經》形式，已經由吟詠性情轉化而成禮樂教化的經典，此即爲春秋亂世詩教之所在。

這三本豐富詳盡的專著所探討的面向，或針對《左傳》賦詩、引詩本文按十二公先後順序一一考察，或從春秋時代背景切入，延伸至詩學的運用。其中，本論文所關注的焦點之一是擺在「斷章取義」這個論題上。

「斷章取義」一詞乃出自《左傳》襄公二十八年的記載，齊臣盧蒲癸娶同宗女子，慶舍家臣質問曰：「男女辨姓，子不辟宗，何也？」盧蒲癸乃謂：「宗不辟余，余獨焉辟之？賦詩斷章，余取所求焉，惡識宗？」盧蒲癸不避同姓而婚，引賦詩斷章之情形作辯解。因此，後代學者多據此而論《左傳》中的賦詩、引詩。然而，所謂的「斷章取義」，其正確的理解方式或定義究竟爲何？這是引起筆者興趣而欲探究解決的問題。

張素卿《左傳稱詩研究》談及賦詩斷章的用法時，以襄公二十七年子西賦〈黍苗〉之四章爲例，說明在弭兵之會的背景下，子西藉詩頌譽趙文子的成就和聲威，並不涉及途御師旅之勞的詩本義，作出一個結論：所謂「賦詩斷章」是指賦詩取義可以不必同於原詩的宗旨。〔註17〕

筆者認爲，《詩》的內容所涵蓋的層面應是相當廣闊的，如〈黍苗〉既寫師旅征途的辛勞，也凸顯召伯的功勳，更用以刺幽王不能膏潤天下，當時卿士不能行召伯之職。因此，若僅以「召伯勞役征行之事」來含括整首詩的主旨，則顯得太過狹隘。雖然在賦詩的當下，賦詩者及受賦者會因對話情境的需求擇取適切的詩句來對答，然而，大致而言，總不致脫離詩所指涉的內容。又如：同樣是賦〈蓼蕭〉，襄公二十六年齊侯與鄭伯爲衛侯事如晉，國景子賦〈蓼蕭〉以喻晉君恩澤及諸侯；昭公十二年，宋華定聘魯，昭公爲賦〈蓼蕭〉，表示樂與華定燕語、祝福嘉賓的意思。雖然兩個場合取義各不相同，仍符合詩篇中所描述的情境。今人在解釋「斷章取義」時卻多以爲賦詩、引詩乃是取合於己意的篇章或詩句加以運用，將之視爲比喻性質，與《詩序》美刺之義無關，甚至可以不必顧及詩的本義。例如：《左傳》襄公八年晉范宣子來聘，公享之，賦〈摽有梅〉。《詩序》謂：「摽有梅，男女及時也。召南之國，被文

〔註17〕張素卿：《左傳稱詩研究》（台北：國立台灣大學出版委員會，1991 年），頁107～108。

王之化，男女得以及時也。」〔註18〕魯公賦此，即取其「求我庶士，迨其吉兮」二語，以寓求晉及時共討鄭國，楊向時先生認爲此與「男女及時」之本義無關也。實則，這樣的理解方式，可說是忽略了詩的引申義及推衍義。而關於詩的引申義及推衍義，王禮卿教授《四家詩怡會歸》一書有精闢深入的論述。

另外，有關《左傳》賦詩、引詩的碩士論文則有夏鐵生《左傳國語引詩說詩研究》、奚敏芳《左傳賦詩引詩之研究》、鄭靖暄《先秦稱詩及其詩經詮釋之研究》等。

而針對《詩序》或詩教作論述的專著有林耀潾《先秦儒家詩教研究》、康曉城《先秦儒家詩教思想研究》、程元敏《詩序新考》、朱冠華《風詩序與左傳史實關係之研究》等。

四、林耀潾《先秦儒家詩教研究》

此書歸納與演繹兼用，綜合與分析並施，引證特重《詩經》本文以及《論語》、《孟子》、《荀子》，旁及《左傳》、《國語》、《儀禮》等上古之典籍，漢、宋以下諸儒及今人之說，亦多有採擇，主要在不泥於今古，而衡之於實理。林氏認爲王者采詩以觀民風，以自考正，大夫、士人獻詩以陳己志，或頌或諫，太史、孔子訂定以合禮樂、以成六藝，莫不有教化之義。詩教的兩層意義：其一，詩、禮、樂三者相需爲用之「禮樂用途之詩教」；其二，僅取詩意以說之「義理用途之詩教」，接著詳論孔子、孟子、荀子之詩教觀。由《詩經》的成書、內容、運用及儒家巨擘的論說來看，《詩經》本始即具有教化意義，近人斥道德爲落伍者，實乃未見《詩經》之源頭活水也。

五、康曉城《先秦儒家詩教思想研究》

書中認爲所謂的「詩教」，即爲文學教育，是美學的一環。詩是最具藝術美的文學精華，足以怡情悅性，並希望藉由藝術的陶冶來培養健全的人格。書中先追溯先秦詩教之社會文化背景及諸子的文學觀念，接著分析《詩經》內容的教育意義，再闡釋孔子、孟子、荀子之詩教思想，並以西洋美學理論作爲輔助資料，開展詩教的時代意義以作爲改進現今文學教育的參考。

〔註18〕漢・鄭玄箋，唐・孔穎達等正義：《毛詩正義・摽有梅・序》，頁62。

六、程元敏《詩序新考》

此書著重《毛詩序》及《三家詩序》議題之發生、《毛詩序》之衍成、《毛詩序》的作者、《三家詩》無《詩序》、《韓詩序》晚作等方面做探討，考證詳實明晰。

七、朱冠華《風詩序與左傳史實關係之研究》

此書是針對《詩序》、《左傳》相合之事實有明文可據者作爲探討對象。先羅列《詩序》與《左傳》相關的史實，詳加剖析，進而指出子夏、左丘明的議論前後相應的原因及根據，以此探索聖人之寓意衷曲，時人之交通往來，以及政教美惡諸端。至於春秋列國朝聘往來所賦的《詩》，因爲主要在文身觀志，往往斷章取義，與史實未盡相符，不在本文討論範圍，而考述次序，皆依《風詩》先後順序，不再加以編次，以表示尊《經》也。

此外，有關《詩序》的博士論文有張成秋《詩序闡微》，碩士論文有彭維杰《毛詩序傳箋「溫柔敦厚」義之探討》、蕭開元《晚明學者詩序觀》等。

學者之中，有人肯定《詩序》的教化意義，亦有人認爲《詩序》是穿鑿附會。胡適〈談談詩經〉一文，對於「詩教」觀點下的《詩經》詮釋，有頗多的批評。他說：

> 《詩經》到了漢朝，眞變成了一部經典。《詩經》裡面描寫的那些男女戀愛的事體，在那班道學先生看起來，似乎不大雅觀，於是對於這些自然的有生命的文學不得不另加種種附會的解釋。……明是一首男女的戀歌，他們故意說是歌頌誰，諷刺誰的。〔註19〕

主張大膽地推翻二千年來積下的附會見解，重新用社會學、歷史、文學的眼光看待每一首詩。

李辰冬〈詩序引人走入了迷途〉一文，認定《詩序》的作者是東漢衛宏，在剖析完〈載馳〉、〈碩人〉、〈黃鳥〉、〈清人〉四詩篇的《詩序》，並與《左傳》記載的內容比對分析後，所作出的結語是：

> 《左傳》是《左傳》，《詩經》是《詩經》，根本是兩回事，而《詩序》將它們扯到一起，以致引起後人的迷誤。不僅這四篇，凡是《詩序》講『刺某』、『美某』而指出實在對象的，沒有一篇不錯。」〔註20〕

〔註19〕胡適：《胡適文存》第四集（台北：遠東圖書公司，1990 年），頁 558。
〔註20〕李辰冬：《詩經研究》（台北：水牛圖書出版事業有限公司，2002 年），頁 219。

又說：

　　春秋時代的引詩賦詩都是斷章取義，不是詩的本義。〔註21〕

　　從民國以來，以胡適爲首的這股反《詩序》思潮，爲原本尊《詩》爲經、遵《序》爲說的傳統釋詩觀點投下了一顆震撼彈，掀起了另一波的廢《序》聲浪。而其影響所及，在中國文學史、批評史的範疇中，《詩經》成了最早的民間歌謠總集，〔註22〕被視爲中國文學的起源。而在這兩股勢力、雙方不同意見的夾擊下，吾人是否能另闢蹊徑，試圖找到一個更合理客觀的觀照點？筆者認爲，仍應先回歸先秦歷史情境來探求，才是最爲客觀公允的。

　　今日，以文學角度詮釋《詩經》內容的著作已粲然大備，質與量亦皆可觀。然而，當我們回到先秦此時空背景下來看《詩經》在當時的運用與發展，事實上，很難避開政治、教化的因素而僅將《詩經》視爲民間歌謠，換句話說，《詩經》具政教功能的這一點是不容忽視的，而作爲《詩經》題解性質的《詩序》，也正是本論文關注的焦點。藉由教化意義與文學觀點的互現，其實更能展顯《詩經》的重要性，多元的詮釋角度也讓《詩經》得以成爲經學、史學、文學的文化基壤，其珍貴性以及保存的價值也明乎此！

〔註21〕李辰冬：《詩經研究》，頁 228。
〔註22〕例如：劉大杰《中國文學發展史》、游國恩《中國文學史》、葉慶炳《中國文學史》等。

第二章　《詩經》、《左傳》的質性與關聯

第一節　《詩經》的編著背景與質性

一、《詩經》的時代背景

　　就現有的古籍文獻資料，仍無法完整確知《詩經》各篇的創作時代，大致說來，一般認爲是春秋中葉以前的產物。其內容分爲〈風〉、〈雅〉、〈頌〉三類，十五〈國風〉共 160 篇，〈大雅〉31 篇，〈小雅〉74 篇，〈周頌〉31 篇，〈魯頌〉4 篇，〈商頌〉5 篇，共計 305 篇，再加上 6 首笙詩，整部《詩經》共計 311 篇。

　　〈商頌〉的時代，古今學者頗有爭議。《毛詩》認爲它是殷商時代遺留的舊樂，鄭玄承襲《毛詩》之說，其《詩譜》將〈商頌〉5 篇定爲殷商之詩。近年來，大陸學者張松如盡心鑽研〈周頌〉，證實《詩經》的作品以〈商頌〉爲最早，是殷商時期的祭祀作品。張氏的說法足以推翻民國以來學者誤認〈商頌〉爲周王朝成立以後的〈宋頌〉之謬誤。

　　《國語‧魯語‧閔馬父笑子服景伯》記載：

　　　　昔正考父校商之名頌十二篇于周太師，以〈那〉爲首。〔註1〕

這是古代文獻論述〈商頌〉的最早記載。由此可知，在商亡之後，〈商頌〉被保留在宋國，於西周末或東周初（770B.C.），宋大夫正考父爲了考校勘對商代著名的十二篇頌歌，曾去請教周的司樂太師。〔註2〕〈商頌〉在先秦古籍中，沒有懷疑它不是殷商頌歌的，也從來沒有〈宋頌〉的名稱。然而，到了漢代

〔註 1〕左丘明著，韋昭注：《國語‧魯語下》（台北：里仁書局，1980 年），卷 5，頁 216。
〔註 2〕張松如：《商頌研究》（天津：南開大學出版社，1995 年），頁 9。

以後，才出現了否認〈商頌〉是商代作品的說法。依張松如先生研究所得出的看法，他說：

> 如果把這些晚出的詩說和先秦文獻對照一下，便可看出；在這些說法中，正考父之所以和〈商頌〉發生關係的唯一根據，仍然是本於前引《國語·魯語》的記載。所不同的是將〈魯語〉中的「正考父校商名頌十二篇于周大師」，改做「正考父作〈商頌〉十二篇」，同時增添了「美宋襄公」一類的話。這都是先秦文獻中連影子都沒有的。〔註3〕

漢代，魯、齊、韓三家詩都認為〈商頌〉是正考父所作用以頌美宋襄公，而《毛詩》則保持了〈魯語〉的記述。宋代，學術上有漢、宋之爭，詩學上有人認為〈商頌〉是宋詩；有人肯定「美宋襄公」而否定「正考父作」；有人將〈商頌〉五篇區分為兩類，二篇歸宋，三篇屬商。清代乾嘉以後，三家詩和《毛詩》同時興盛。魏源《詩古微》和皮錫瑞《詩經通論》共提出二十條例證，論證〈商頌〉即正考父作以美宋襄公。〔註4〕王先謙《詩三家義集疏》更斷言：「魏、皮二十證，精塙無倫，即令起古人於九原，當無異議。」近人王國維《樂詩考略》從詩句涉及的地名及詩本身文辭來考察，〔註5〕認為〈商頌〉蓋宗周中葉宋人所作，以祀其先王，正考父獻之於周太師。由此，〈商頌〉不是商代之詩而是春秋時宋國之詩，似乎已成定論，且為一般學者所接受。

然而，張松如先生列舉出八大點，〔註6〕辯駁近代學者的看法。通過對〈商頌〉的考察辨析，再回歸〈商頌〉五篇詩的主體內容，其所反映的既無周滅商以後的事件，也無宋國的事件。因此，〈商頌〉確屬商代之詩，殆無疑議。

〈周頌〉的產生年代，約在周武王、成王、康王、昭王之世，是西周天子宗廟祭祀時所用的樂歌，大抵出自史官和太師（樂官）的手筆，記敘先王的功業，並帶有宗教神秘的色彩，是研究西周初社會環境、典章制度的重要史料。

〔註3〕 張松如：《商頌研究》，頁53。
〔註4〕 張松如：《商頌研究》，頁53～54。
〔註5〕 王國維：《樂詩考略·說商頌下》（台北：藝文印書館，1989年），頁22。
〔註6〕 此八大點的內容：其一，「駁孔子刪詩，避定公名諱，改宋頌為商頌說」；其二，「駁商頌美宋襄公說」；其三，「駁商頌為正考父所作說」；其四，「駁正考父校商之名頌于太師為效（獻）」商之名頌于周太師說」；其五，「駁景山在宋境，因證商頌為宋頌說」；其六，「駁殷墟卜辭所紀祭祀與制度文物于商頌中無一可尋，因證商頌非商詩說」；其七，「駁周頌詞簡而章短，商頌詞繁而篇長，因謂商頌為宋人所作說」；其八，「駁商頌中稱上神為天，因證商頌非商詩而為宋詩說」。參見張松如：《商頌研究》，頁55～97。

〈魯頌〉是春秋時期魯國人歌頌魯僖公的樂歌。〈頌〉僅用於天子宗廟祭祀，何以魯國此諸侯國會有〈頌〉詩的產生？朱熹《詩集傳》說：

> 成王以周公有大勳勞於天下，故賜伯禽以天子禮樂，魯於是有頌，
> 以爲廟樂。其後又自作詩以美其君，亦謂之頌。〔註7〕

〈大雅〉全部都是西周的作品，主要是對后稷、武王、宣王的歌頌，應用於朝會宴享的樂歌，對於瞭解周初政治經濟及開國歷史，有重要的史料價值。〈大雅〉中另有部分的諷諫之作，反映出周厲王、幽王時政局腐敗、社會動盪、民心不安的情形。

〈小雅〉主要是西周後期的作品，一部分爲宣王時代的宴享樂歌，而一部份是士大夫所寫的諷諫詩。西周後期周厲王、幽王時政治黑暗，禮樂制度逐漸崩壞，貴族地位受到動搖，沒落的士大夫感受到人民的離難，藉詩篇抒發內心的憤懣，揭露社會不合理現象。

〈國風〉除了〈周南〉、〈召南〉是西周時期的詩外，絕大多數是春秋初到春秋中葉的作品，今日學者一般認爲是從各國採集而來的民間歌謠，內容包括男女戀歌、婚姻、頌禱、農事、征役、怨刺等。然而，亦有學者質疑〈國風〉之詩非出於民間，而是貴族階層之作，例如《國語》所載臣子們必須獻詩，即屬此類。

總括來說，最早之詩爲〈商頌〉，產生於殷商時期，以宗廟祭祀的歌爲主；其次爲〈周頌〉，是西周天子宗廟祭祀時所用的樂歌；〈大雅〉，是西周中、後期的作品，亦以歌頌先王功業爲主要內容，另含括少數的諷諫之作；〈小雅〉又次之，多爲西周後期的作品，宴享之樂及諷刺之作兼有之；〈魯頌〉爲春秋時期魯國的祭祀樂歌；〈國風〉涉及的層面廣泛，更貼近春秋初至中葉人民的生活。

二、《詩經》的編訂與分類

（一）《詩經》的編訂

《詩經》之文體大部分非歌謠的創作，其來源有三：即獻詩、采詩、樂歌。學者潘重規〈詩經是一部古代歌謠總集的檢討〉說：

> 《詩經》構成的成份，來源有三：其一是公卿列士所獻的詩，其二
> 是行人所采太師所陳的詩，其三是舉行典禮所施用的詩，這三者都

〔註7〕朱熹：《詩集傳》（台北：台灣商務印書館，1981年），頁242。

與政教有關。〔註8〕

關於獻詩的記載，《國語‧周語上》云：

> 故天子聽政，使公卿至於列士獻詩，瞽獻曲，史獻書，師箴，瞍賦，
> 矇誦，百工諫，庶人傳語，近臣盡規，親戚補察，瞽史教誨，耆艾
> 修之，而後王斟酌焉，是以事行而不悖。〔註9〕

《國語‧晉語六》云：

> 吾聞古之王者：政德既成，又聽於民，於是乎使工誦諫於朝，在列
> 者獻詩使勿兜，風聽臚言於市，辨袄祥於謠，考百事於朝，問謗譽
> 於路，有邪而正之，盡戒之術也。〔註10〕

《禮記‧王制》云：

> 命太師陳詩以觀民風。〔註11〕

公卿列士獻詩的目的是爲了讓天子聽取民聲，問謗譽於路，以作爲施政的參
考。《詩》三百中，周公作〈鴟鴞〉以貽王，家父作〈節南山〉以究王訩，便
是公卿獻詩的例證之一。

關於采詩的記載，班固《漢書‧藝文志》云：

> 古有采詩之官，王者所以觀風俗，知得失，自考正也。〔註12〕

《漢書‧食貨志》云：

> 孟春之月，群居者將散，行人振木鐸徇于路以采詩，獻之大師，比
> 其音律，以聞于天子。故曰王者不窺牖戶而知天下。〔註13〕

〈詩序疏〉引〈鄭志答張逸〉云：

> 國史采眾詩時，明其好惡，令瞽矇歌之，其無所主，皆國史主之，
> 令可歌。〔註14〕

〔註 8〕 潘重規：〈詩經是一部古代歌謠總集的檢討〉，收入中央研究院：《第二屆國際
漢學會議論文集》（台北：中央研究院第二屆國際漢學會議論文集編輯委員
會，1989 年），頁 55。

〔註 9〕 左丘明著，韋昭注：《國語‧周語上》，卷 1，頁 9～10。

〔註 10〕 左丘明著，韋昭注：《國語‧晉語六》，卷 12，頁 410。

〔註 11〕 漢‧鄭玄注，唐‧孔穎達等注疏：《禮記‧王制》（台北：藝文印書館，1955
年），卷 11，頁 226。

〔註 12〕 漢‧班固撰，唐‧顏師古注，楊家駱主編：《漢書‧藝文志第十》，卷 30，頁
1708。

〔註 13〕 漢‧班固撰，唐‧顏師古注，楊家駱主編：《漢書‧食貨志第四上》，卷 24 上，
頁 1123。

〔註 14〕 漢‧鄭玄箋，唐‧孔穎達等正義：《毛詩正義‧關雎‧序》，頁 17。

《禮記‧王制》云：

> 歲二月，東巡守，至于岱宗，柴而望祀山川。覲諸侯。問百年者，
> 就見之。命太師陳詩以觀民風。〔註15〕

鄭注：

> 陳詩，謂采其詩而視之。〔註16〕

漢代以前並沒有采詩的記載，只有獻詩之說。然而，行人至民間采詩，經樂官配樂，讓下情得以上達的情形，並不無可能，其最終目的仍是希望讓王者「觀風俗、知得失、自考正也」。

　　除了獻詩、采詩之外，另有一部分是典禮所用的樂歌。西周開國後，周公為鞏固政權及宗法制度，建立和諧的社會局勢，乃大規模地制禮作樂。配合朝廷需要的祭祀樂歌和應用於典禮儀式的樂歌，在太師的掌管下漸趨完備。

　　《詩》三百篇所橫跨的時間從商初到春秋中葉，產生的地域遍及黃河中下游及江漢流域，必然經過集結，始逐漸成為今日所見的《詩經》樣貌。

　　《周禮‧大司樂》記載：

> 大師掌六律六同，以合陰陽之聲。〔註17〕

《荀子‧王制》：

> 禁淫聲，以時順修，使夷俗邪音不歌亂雅，太師之事也。〔註18〕

《國語‧魯語》：

> 昔正考父校商之名頌十二篇于周太師，比其音律。〔註19〕

　　《詩》與樂本是一體，密不可分。而究竟《詩》三百是如何編訂完成？近、當代學者比較一致的見解是：《詩經》的編訂是出自樂官之手。因為《詩三百篇》既是樂歌，需要譜曲配樂歌唱，那麼，它的整理編訂，自然非懂得樂理的樂工、樂師不可。〔註20〕

　　夏傳才《詩經講座》針對「三百篇的結集」過程說：

> 經過學者們研究，《詩》在周代先後經過三次較大規模的編集整理。

〔註15〕漢‧鄭玄注，唐‧孔穎達等注疏：《禮記‧王制》，卷11，頁226。
〔註16〕漢‧鄭玄注，唐‧孔穎達等注疏：《禮記‧王制》，卷11，頁226。
〔註17〕漢‧鄭玄注，唐‧賈公彥疏：《周禮注疏‧大司樂》（台北：藝文印書館，1955年），卷22，頁339。
〔註18〕李滌生：《荀子集釋‧王制》（台北：台灣學生書局，1994年），頁183。
〔註19〕左丘明著，韋昭注：《國語‧魯語下》，卷5，頁216。
〔註20〕洪湛侯：《詩經學史》（北京：中華書局，2002年），頁17。

第一次編集整理是在昭、穆時代。西周前期制作的樂歌並不很多，而且主要是〈周頌〉和少數〈大雅〉與二〈南〉的歌詩，在昭、穆兩代繼續制作〈頌〉、〈雅〉詩，……連同西周前期的歌詩一起，進行一次整理和編集。……宣王中興時期，《詩》得以第二次整理編集。……大規模地興禮作樂，也開放言路，允許政治諷喻詩和怨刺詩合樂公開歌唱。……爲了工作需要，這個時期必然要對已有的和新制的樂歌，再作一次整理編集。……二〈雅〉中的作品有許多宣王朝後期到東周初的作品，而〈國風〉中的作品更有大量春秋前期的地方樂歌，尤以王畿洛邑附近鄭、衛兩國作品爲多。……《左傳‧襄公二十九年》記吳公子季札聘魯，魯國爲他演奏周樂，演奏的內容和順序，大體和現在流傳的《詩經》相同，可以證明當時已經有了一個內容和編次與現在流傳的《詩經》差不多的結集。〔註21〕

然而，春秋時期，周天子地位不再，貴族階級沒落，禮樂制度崩壞，西元前 506 年以後，就不再看到列國公卿賦《詩》的記載，「王者之迹熄而《詩》亡」，〔註 22〕長期流傳的《詩》，也散失於各地。其後對《詩》加以重新整理的，最重要者便是孔子。夏傳才先生說：

經他（孔子）整理的《詩》保持了原來「《詩》三百」的編次、內容和表達風格，具有歷史的眞實性，通過他的整理，完成了質量提高的新版本。〔註23〕

（二）《詩經》的分類

《詩經》三百十一篇可大別爲〈風〉、〈雅〉、〈頌〉三類，依順序是爲〈國風〉、〈雅〉、〈頌〉。而這樣的分類標準爲何？〈關雎序〉曰：

風，風也，教也；風以動之，教以化之。……上以風化下，下以風刺上。……是以一國之事，繫一人之本，謂之風；言天下之事，形四方之風，謂之雅。雅者，正也，言王政之所由廢興也。政有小大，故有小雅焉，有大雅焉。頌者，美盛德之形容，以其成功告於神明者也。〔註24〕

〔註21〕 夏傳才：《詩經講座》（廣西：廣西師範大學出版社，2007 年），頁 87～88。
〔註22〕 《孟子注疏‧離婁》（台北：藝文印書館，1955 年），卷 8，頁 146。
〔註23〕 夏傳才：《詩經講座》，頁 98。
〔註24〕 漢‧鄭玄箋，唐‧孔穎達等正義：《毛詩正義》，頁 18。

〈國風〉是王政推行教化、卿大夫反映民情以寓諷練之作；〈雅〉既包含頌贊詩又關係王政之興廢；〈頌〉爲歌頌神靈祖先所用的祭祀詩。這都是從政教功用來對《詩經》作劃分。

　　近、當代學者，則多從音樂角度來談《詩經》分類問題。〈大雅・嵩高〉：「吉甫作誦，其詩孔碩，其風肆好。」〔註25〕《左傳・成公九年》：「使與之琴，操南音。……樂操土風，不忘舊也。」〔註26〕「風」的本義就是樂調，《詩經》、《左傳》都有明證！

　　「雅」古時與「夏」字相通，周朝王畿一帶原本就是夏人活動區域，王畿爲統治核心，朝廷和貴族集會所用爲正聲，「雅樂」就是宮廷所用的「正樂」。由〈小雅・鼓鐘〉：「以雅以南，以龠不僭。」可知，雅、南、龠原都是樂器名稱，後來才演變而爲樂調之名。鄭樵《六經奧論》曰：

　　　　〈小雅〉、〈大雅〉者，特隨其音而寫之律耳。律有小呂大呂，則歌
　　　　〈大雅〉、〈小雅〉，宜其有別也。〔註27〕

夏傳才《詩經講座》曰：

　　　　「雅樂」原來只有一種，後來有新的雅樂產生，便叫舊的爲大雅，
　　　　新的爲小雅。……古人說〈小雅〉「雜乎風之體」，就是說它受到各
　　　　國土樂的影響，音樂發生了變化。從詩的形式來看，〈大雅〉句法韻
　　　　律變化較少，〈小雅〉就顯得靈活和諧。〔註28〕

　　關於〈頌〉，〈關雎序〉言：「頌者，美盛德之形容，以其成功告於神明者也。」〈頌〉是郊廟祭祀、祈禱神明的樂歌，阮元《研經室集・釋頌》謂：

　　　　三頌各章，皆是舞容，故稱爲頌。若元以後戲曲，歌者舞者與樂器
　　　　全動作也。〔註29〕

這正足以說明〈頌〉是歌、樂、舞三合一的祭祀樂歌。

　　由《詩》的產生、集結情形來看，在創作之初，《詩》即賦予了教戒作用，不論采詩、獻詩或朝廷原生的樂歌，經太師樂官的潤飾再搭配樂器，其內容

〔註25〕漢・鄭玄箋，唐・孔穎達等正義：《毛詩正義》，頁673。

〔註26〕晉・杜預注，唐・孔穎達等正義：《春秋左傳正義》（台北：藝文印書館，1955年），頁448。

〔註27〕鄭樵：《六經奧論・雅非有正變辨》，收入《景印文淵閣四庫全書》（台北：台灣商務印書館，1983年），卷3，頁184之62。

〔註28〕夏傳才：《詩經講座》，頁35。

〔註29〕阮元：《研經室集・釋頌》，收入《四部叢刊初編縮本》（台北：台灣商務印書館，1965年），卷1。

與音樂曲調率皆彼此相應,因此,大可不必拘泥於僅從政教用途或僅從音樂性質單方面來立說。

三、《詩經》的質性與作用

〈關雎序〉曰:「雅者,正也,言王政之所由廢興也,政有小大,故有小雅焉,有大雅焉。頌者美盛德之形容,以其成功告於神明者也。」《周》、《魯》、《商》三頌及〈大雅〉、〈小雅〉,其作用在於朝廷宴饗及宗廟祭祀,是為政治服務的樂歌。

〈雅〉、〈頌〉出自諸侯卿大夫燕樂祭祀活動,是目前學界普遍都能夠接受的說法,然而,〈國風〉部分則頗受爭議。關於〈國風〉的性質,在漢代以前,是以禮樂教化說《詩》;近、現代學者,如:胡適、顧頡剛、裴普賢、李辰冬……等人,則認定〈國風〉為民間歌謠,內容多抒寫男女戀情。而為何會有這截然不同的轉變?其關鍵點在於宋代儒者開始對《詩序》內容產生懷疑,批評《詩序》附會穿鑿,致使《詩》尤其是〈國風〉失去了本來的面貌。

宋朝形成廢《序》的聲浪,主因在於南宋朱熹依據《後漢書·儒林傳》認定《詩序》作者為東漢衛宏,以為後人以《詩》附會經傳來宣揚政治教化內涵,《詩序》的詩教內容已非《詩》之本義。朱熹《詩經集傳·序》云:「凡《詩》之所謂〈風〉者,多出於里巷歌謠之作,所謂男女相與詠歌,各言其情者也。」〔註30〕《詩集傳》釋〈國風〉云:「國者,諸侯所封之域,而風者,民俗歌謠之詩也。」〔註31〕宋代以來的學者,多把它視為先秦時期村夫鄙婦勞動時之歌謠,屬於民間的口傳文學,而後經由采詩、獻詩,樂師、國史的整理,才編入《詩經》之中。這個看法一直延續到民國,才又被揚升至檯面。

近幾十年來,由於多位學者的努力,已逐漸撥除「《詩序》作者是衛宏」這團疑雲,確定《詩序》並非東漢衛宏所作。從 20 世紀 70 年代以後,學者也針對〈國風〉民間歌謠的性質提出質疑,如朱東潤《詩三百篇探故》書中緒言,對其〈國風出於民間論質疑〉一文作概要介紹:

> 大抵就國風所言地位、境遇、服御、僕從諸端,作詩者或自言,或言其關係之人,或言其所歌詠之人,要其所言者皆為統治階級之事,其詩亦自為統治階級之詩,〈國風〉如此,則〈大、小雅〉、〈三頌〉

〔註30〕朱熹:《詩經集傳·序》(台北:學海出版社,1992 年),頁 1。
〔註31〕朱熹:《詩經集傳》,頁 1。

更可知，然而不得遂謂民間無詩也。〔註32〕

朱東潤的「《毛詩序》〈國風〉作者表」整理出《毛詩序》中可以考究《詩》篇作者的共六十九篇，〔註33〕他說：

> 自國君、夫人以降，至王族、公族、大夫及大夫之妻，其為統治階級無疑。其他自君子、國人二目以外，凡百姓、孝子、民人各一見。《書・堯典》云：「九族既睦，平章百姓，百姓昭明，協和萬邦，黎民於變時雍。」《鄭注》：「百姓，百官。」要之百姓與黎民對舉，其為統治階級亦無疑議。〈陟岵〉之詩，《序》云：「孝子行役，思念父母也。」孝子不知為何等人，今以《詩序》言行役諸語推之。……以此七例言之（〈殷其靁・序〉、〈雄雉・序〉、〈伯兮・序〉、〈黍離・序〉、〈鴇羽・序〉、〈北山・序〉、〈漸漸之石・序〉），則行役之人，要為大夫、君子之流，而久役於外，不得養其父母，尤為大夫、君子之所深痛。以〈鴇羽〉、〈北山〉之例，推論〈陟岵〉之作者，要亦大夫、君子之流，不容更為例外。故〈陟岵〉之作者，果以《毛詩序》推之，亦屬統治階級，殆無疑議。〔註34〕

又言：

> 據《毛詩序》，君子之作凡六篇。君子或以為大夫之美稱，或以為卿、大夫、士之總稱，或以為有盛德者之稱，或以為婦人稱其大夫之詞。今就《詩》論《詩》，則君子二字，可以上賅天子、諸侯，下賅卿、大夫、士，殆為統治階級之通稱。至於盛德之說，則為引申之義，大夫之稱，自為妻舉其夫社會地位而言，此種風習，近世猶然，自不得以其社會地位之名稱，遂認為與丈夫二字同義。〔註35〕

依朱東潤的考釋，從〈瞻彼洛矣〉、〈假樂〉兩詩內文可知，君子二字是指「天子」；從〈終南〉、〈采菽〉可知君子二字是指「諸侯」；從〈載馳〉、〈鳲鳩〉可知君子二字是指「大夫」；從〈女曰雞鳴・傳〉：「君子無故不徹琴瑟。」《曲禮》亦云：「士無故不徹琴瑟。」可知「士」與「君子」二名稱互訓，因而歸結曰：

> 要之君子之為統治階級，兼包天子、諸侯、卿、大夫、士各種不同

〔註32〕朱東潤：《詩三百篇探故》（上海：上海古籍出版社，1981年），頁2。

〔註33〕朱東潤：《詩三百篇探故》，頁7～10。

〔註34〕朱東潤：《詩三百篇探故》，頁11。

〔註35〕朱東潤：《詩三百篇探故》，頁12。

之階段，殆無疑議。〔註36〕

此外，針對「國人」階層屬性的考釋，朱東潤先生說：

> 《詩序》言國人所作者凡二十七篇。……今就《詩》之本文及《序》、
> 《傳》考之，則國人實與國之君子、國之大夫同義，亦為統治階級
> 之通稱。〔註37〕

因此，從《毛詩序》中可以考究《詩》篇作者的六十九篇《詩》，依朱東潤判別的結果：凡此六十九篇，得其主名之詩，要皆出自統治階級，可無疑也。〔註38〕

除了從「作者」此一論題來查考〈國風〉的性質之外，另一方面，朱東潤也直接針對《詩》篇內容所提及的名物章句來區判〈國風〉是否為民間歌謠？他從「其自稱之地位境遇」、「其自稱之服御僕從」、「其關係人之地位」、「其關係人之服御」、「其所歌詠之人之地位境遇」、「其所歌詠之人之服御僕從」等六大方向著手，〔註39〕得出〈國風〉百六十篇中，由名物章句而確知其為統治階級之詩者，總計八十篇，佔半數之多，因而若說〈國風〉是出於民間，實則未可盡信！

屈萬里〈論國風非民間歌謠的本來面目〉一文，從「國風篇章的形式」、「文辭用雅言」、「用韻情形」、「語助詞的用法」、「代詞用法」等五方面來推測〈國風〉並非民間歌謠的本來面貌。〔註40〕一般的民謠，形式上大多參差不齊，既無一定的句數，也無一定的字數，隨興而唱，盡興輒止。然而，考〈國風〉諸《詩》，大部分是四言，章節整齊，更有重疊複沓的形式美，這在民謠之中是極罕見的。顧頡剛〈從詩經中整理出歌謠的意見〉說：

> 凡是歌謠，只要唱完就算，無取乎往復重沓。惟樂章則因奏樂的關
> 係，太短了覺得無味，一定要往復重沓的好幾遍。《詩經》中的詩，
> 往往一篇中有好幾章都是意義一樣的，章數的不同只是換去了幾個
> 字。我們在這裡，可以假定其中的一章是原來的歌謠，其他數章是
> 樂師申述的樂章。〔註41〕

〔註36〕朱東潤：《詩三百篇探故》，頁12。
〔註37〕朱東潤：《詩三百篇探故》，頁13。
〔註38〕朱東潤：《詩三百篇探故》，頁14。
〔註39〕朱東潤：《詩三百篇探故》，頁17～33。
〔註40〕參見屈萬里：〈論國風非民間歌謠的本來面目〉，收入吳宏一、呂正惠編：《中國古典文學論文精選叢刊》（台北：幼獅文化事業公司，1980年），頁2～19。
〔註41〕顧頡剛：〈從詩經中整理出歌謠的意見〉，收入顧頡剛編著：《古史辨》第三冊（上海：上海古籍出版社，1982年），頁591。

　　前文已論及，〈國風〉作者多爲貴族階層，爲配合正式場合的奏樂使用，因此，《詩》本身即須帶有迴環往復的音樂性，而依屈萬里先生的約略估計，在〈國風〉一百六十篇詩裡，迴環複沓的詩篇共約一百三十三首，佔〈國風〉的六分之五左右。〔註42〕所以，從形式特色來看，〈國風〉多不是民間歌謠的本來面目。而筆者認爲，甚至可以進一步說，〈國風〉大部並非民間歌謠，而是貴族士大夫的作品。關於這一點，也可從「文辭用雅言」、「用韻」、「語助詞、代詞用法」等方面看出。屈萬里先生說：

> 拿《詩經》的〈周頌〉和〈國風〉來此，在文辭上誠然有艱深和淺
> 近的不同。但那只是由於時代先後不同而演變的結果，絕不是因爲
> 方言不同的關係。〔註43〕

〈國風〉雖大多是黃河流域的作品，但也有產生在江漢流域的，例如：〈召南〉14篇，因此：

> 如果〈國風〉都是當時的民謠，那麼，召南之域的「南蠻鴃舌」之音
> 決不能和黃河流域的方言相同。何況，在交通不發達的古代，即同屬
> 黃河流域，人們的語言，也不會完全相同。……而以〈召南〉和其它
> 〈國風〉的詩篇相比，其文辭則幾乎沒有什麼差異。如果〈國風〉諸
> 詩都是當時的民間歌謠，能會有這種文辭相同的現象嗎？〔註44〕

各地風土民情不同，然而〈國風〉篇章結構卻極爲一致，誠屬不可思議之事。從文辭用雅言這一點來看，〈國風〉文字確實經過一番整理功夫。

　　此外，屈萬里先生認爲，依「用韻」型態，「有、其、言」等語助詞及「何、曷、胡」等代詞的用法的一致情形研判，〈國風〉也不是歌謠的本來面目。〔註45〕

　　最早提到詩的文獻是《尚書・虞書・舜典》：

> 帝曰：「夔！命汝典樂，教冑子，直而溫，寬而栗，剛而無虐，簡而
> 無傲。詩言志，歌永言，聲依永，律和聲。八音克諧，無相奪倫，
> 神人以和。」夔曰：「於！予擊石拊石，百獸率舞。」〔註46〕

在堯舜時代，即以音樂、詩歌教「冑子」，且做爲國家推行教化之用，期待形

〔註42〕屈萬里：〈論國風非民間歌謠的本來面目〉，頁5。
〔註43〕屈萬里：〈論國風非民間歌謠的本來面目〉，頁5。
〔註44〕屈萬里：〈論國風非民間歌謠的本來面目〉，頁6。
〔註45〕屈萬里：〈論國風非民間歌謠的本來面目〉，頁8～19。
〔註46〕《尚書》（台北：台灣開明書店，1984年），卷3，頁46。

塑正直、寬厚、不阿、簡素的人格特質，藉中正平和之聲促進人倫之間相處的諧暢。究竟《詩經》是不是歌謠？潘重規先生〈詩經是一部古代歌謠總集的檢討〉一文認為：

> 《詩經》的詩正是承襲這一傳統的作品，作者用文字創造，往往留下了作者姓名的紀錄，而歌謠則口頭流傳，多數不知誰是作者。這一層，也可以作為《詩經》不是歌謠的堅證。〔註47〕

又言：

> 提到歌字的，……共十四處，但這些歌字多半是樂歌、歌舞的意思。……《詩經》中歌字都不用作歌謠的意義。只有〈魏風‧園有桃〉「我歌且謠」一處的謠是「徒歌」的意思。由此證明《詩經》三百篇中佔有歌謠的成份非常的少，即使有被采詩官采取的民謠，也必經工師加以潤色改造，配合音樂。〔註48〕

從《詩經》形式、文辭的觀察，既已肯定〈國風〉大部分為貴族士大夫所作，那麼，換句話說，「《詩經》並非民間歌謠總集」的說法便得以成立。

〈國風〉多產生於春秋時期，此時周朝禮樂制度已漸崩壞，國際間各國互相侵逼的現象不斷上演，沒落的士階層有感於此，大量的諷諫詩也因而產生。這些詩篇，或頌古刺今，或悲憫人民之離難，其形式都與民謠有很大的區別，非村夫鄙婦所能言。且在教育不普及的周代，知識掌握在貴族手上，一般平民如何而能藉詩抒寫己志？何況漢代司馬相如一代文雄，武帝愛才，引為文學侍從之臣，但是相如欲為文章，還得求皇帝賜給筆札，〔註49〕更遑論教育不普及、書寫工具更不充足的周代了。

堯舜時代的詩歌即具有人倫教化的性質，《詩》亦承繼此一傳統，上位者以風化下，下位者藉詩來譎諫，其政教功能乃由此得見！

四、先秦時期《詩經》之流傳

古代被稱之為「經」的古籍圖書，主要是對其特殊優越地位和恆常價值的肯定，而《詩經》便是這樣的一部著作。在先秦的典籍如《左傳》、《國語》、《論語》、《孟子》、《荀子》等，也常見其引用、詮釋《詩經》，這意謂著《詩

〔註47〕潘重規：〈詩經是一部古代歌謠總集的檢討〉，頁52。
〔註48〕潘重規：〈詩經是一部古代歌謠總集的檢討〉，頁54～55。
〔註49〕潘重規：〈詩經是一部古代歌謠總集的檢討〉，頁58。

經》在春秋戰國時代是一本相當普遍且重要的著作。

　　《詩經》的傳本在孔子之前早已存在，經孔子整理編訂後，其流傳的機會和保存的價值因此大爲提高。就《詩經》本身的性質來看，其流傳的普及化與它本身的用韻、整齊複沓的形式和音樂性有關，但若從學校教育、社會教育角度衡量，《詩經》實是當時必習的教材，《左傳》僖公二十七年曾載楚國及諸侯圍攻宋時，趙衰說過這麼一段話：

　　　臣亟聞其言矣，說《禮》、《樂》而敦《詩》、《書》。《詩》、《書》，義
　　　之府也；《禮》、《樂》，德之則也；德、義，利之本也。〔註50〕

可知《詩》、《書》、《禮》、《樂》等成爲當時貴族子弟教育的研習基本教材。並且從「義」的深思和「德」的培養兩方面，對他們的生活行爲起著規範作用。而對照於《論語》的相關記載也是《詩》作爲弟子學習的範本，如：

　　　鯉趨而過庭。曰：「學《詩》乎？」對曰：「未也。」「不學《詩》，
　　　無以言。」鯉退而學《詩》。〔註51〕

　　　子曰：「興於《詩》，立於禮，成於樂。」〔註52〕

孔子認爲一個完整的人格教育所需要的是詩、禮、樂的合一，詩以語言來表現心志，禮使言行動靜皆宜，樂則是在俗事生活裡薰染人心，使人能中禮文雅。那學《詩》的目的又是什麼呢？他說：

　　　子曰：「小子！何莫學夫《詩》？《詩》可以興，可以觀，可以群，
　　　可以怨。邇之事父，遠之事君。多識於鳥獸草木之名。」〔註53〕

　　　子曰：「誦《詩》三百，授之以政，不達；使於四方，不能專對；雖
　　　多，亦奚以爲？」〔註54〕

原來學《詩》是爲能條暢恰切的立言，並在政治上能通達政事，外交上能合禮的應對進退。除了政治、外交之外，「《詩》還可以令人興、觀、群、怨，提高個人的性情修養，建立人與人之間的人倫關係，擴展人對自然界動植物的認識。我們可以說，孔子將《詩》在社會政治的功用顯現出來，並加以擴大。」〔註55〕

〔註50〕晉・杜預注，唐・孔穎達等正義：《春秋左傳正義》，卷16，頁267。
〔註51〕朱熹：《四書章句集注》（北京：中華書局，2003年），卷8，頁173。
〔註52〕朱熹：《四書章句集注》，卷4，頁104～105。
〔註53〕朱熹：《四書章句集注》，卷9，頁178。
〔註54〕朱熹：《四書章句集注》，卷7，頁143。
〔註55〕葉國良、夏長樸、李隆獻：《經學通論》（台北：國立空中大學，1997年），頁

　　正因為《詩經》成為當時不論是貴族或平民的學習教材，所以它的流傳是全面性的，不僅北方諸國以它為教育範式，就連南方的楚國也因政治外交的情勢需求而廣泛傳播。

　　孔子藉由教育使得《詩經》形成一種文化的常識，而這樣的文化常識在孔門後儒的傳衍下，已積累成跨國別的共同意識，成為整體文化發展的一個環節。從時間上而言，孔子弟子的生存年代都在春秋末、戰國初期。他們一方面傳遞孔學，一方面也弘揚「六經」。其中，在戰國時期繼承並發揚孔學最力的是孟子和荀子。孟子傳孔子之道；荀子傳孔子之術，這表現在對「經」的詮釋上。例如，《孟子》一書，引《詩》處有三十次，論《詩》四次。而「荀子傳經，對後儒（尤其是漢儒）影響極大，清儒汪中作《荀卿子通論》博採眾說，認為《齊詩》、《魯詩》、《韓詩》、《毛詩》四家中，除《齊詩》外，其餘三家都傳自荀卿。……汪中的說法中，《魯詩》傳自荀卿，確有實據；《韓詩外傳》引荀子以說詩者，有四十四處之多，這兩者的確與荀子有關。」〔註56〕

　　顯然，《詩經》的流傳在先秦時代已自成一個知識系統，對於當時人的政治活動和實際生活經驗都產生影響，誠如楊仲義所言：

> 《詩》三百為周王朝樂官長期匯集、編定的樂歌選本。《詩》三百所收之詩及《詩》三百以外之詩（司馬遷說有「三千餘篇」）上跨商周之際，下止春秋中葉，在樂師手中已經傳習、演唱了五百年之久，在社會上已經傳播、應用了五百年之久。……大約到春秋後期，天子失政，禮壞樂崩，諸侯鯨吞，「樂人皆去」，昔日樂師之工作選本，遂成為不復有增減之定本，是為今日所見之《詩經》。〔註57〕

第二節　《左傳》的內容與質性

一、《左傳》政治、社會背景

　　《左傳》與《春秋》之間有著密不可分的關係。《春秋》記載了自魯隱公元年（722B.C.）到魯哀公十四年（481B.C.）共242年間周王室及各諸侯國的

454。
〔註56〕葉國良、夏長樸、李隆獻：《經學通論》，頁471～472。
〔註57〕楊仲義：《詩騷新識》（北京：學苑出版社，1999年），頁9。

重要歷史事件，依魯國十二公的年月順序編列史事。

　　一般學者的看法，《春秋》一書係孔子依據魯國史官的資料加以修訂而成，對於所記的事件，孔子也賦予「微言大義」，寓褒貶於文字之中。然而《春秋》的內容太過簡略，字斟句酌的結果，致使文義深奧，難以確知史事的原委，為《春秋》做「傳」勢必難免！

　　《左傳》傳注《春秋》，上起魯隱公元年（722B.C.），下迄魯哀公二十七年（468B.C.）共255年間的史事，比《春秋》所記多出13年。春秋時代是個大變革的時代，以周天子為中心的封建政治受到動搖，周王室日漸衰微，以諸侯、卿大夫為代表的力量迅速崛起，大國爭霸，招攬人才，不斷擴充軍備，企圖問鼎天下；小國為求生存，顧全自身利益，彼此間的盟會征戰頻繁，形成了「社稷無常奉，君臣無常位」〔註58〕的政治局勢。

　　西周時代，學在官府，知識掌握在貴族手上；平王東遷以後，周室式微，王室的許多官吏失去昔日的地位，淪落至諸侯國或民間，造成「官學在四夷」〔註59〕的局面。春秋晚期，「學在官府」的教育壟斷形勢被打破，知識普及後，社會上形成一批新的階層「文士」，或著書立說，或奔走宣揚個人思想及主張，演變為「蜂出并作，各引一端，崇其所善，以此馳說，取舍諸侯」〔註60〕的現象。〔註61〕而透過《左傳》內容的記載，可清楚且全面地了解春秋時期政治以及社會上的真實情況，因此，《左傳》確是一部研究春秋史的重要典籍。

二、《左傳》的編寫

　　《左傳》的作者，一度是經學史上大有爭議的問題，司馬遷《史記》和班固《漢書‧藝文志》都認為《左傳》的作者是魯國君子左丘明，《史記‧十二諸侯年表‧序》云：

　　　　孔子明王道，干七十餘君，莫能用。故西觀周室，論史記舊聞，興

〔註58〕晉‧杜預注，唐‧孔穎達等正義：《春秋左傳正義‧昭公三十二年》，卷53，頁933。

〔註59〕晉‧杜預注，唐‧孔穎達等正義：《春秋左傳正義‧昭公十七年》，卷48，頁838。

〔註60〕漢‧班固撰，唐‧顏師古注，楊家駱主編：《漢書‧藝文志第十》，卷30，頁1746。

〔註61〕參見顧德融、朱順龍著：《春秋史》（上海：上海人民出版社，2003年），頁371～372。

於魯而次《春秋》。……七十子之徒，口受其傳指，爲有所刺譏褒諱挹損之辭，不可以書見也。魯君子左丘明，懼弟子人人異端，各安其意，失其眞，故因孔子史記（按：指《春秋》），具論其語，成《左氏春秋》。〔註62〕

　　大抵唐代以前，都將《左傳》作者歸之爲左丘明。唐代以後，學者開始懷疑這個定論。歷史上確實有左丘明此人的存在，然而問題在於《左傳》是否爲左丘明所作？學者反對司馬遷左丘明作《左傳》之說，主要的理由是：《左傳》所記載的內容已經晚到孔子死後五十三年，亦即左丘明若與孔子同時，不太可能在孔子死後五十三年還能寫書。不過，有些學者認爲古人之說不宜輕棄，司馬遷等人說《左傳》出於左丘明，必有所據，遂以爲乃左丘明家族累世撰作而成書，最後再由一人加以統一，如呂大奎、黃澤、姚鼐等都主此說。〔註63〕而考察《左傳》編寫著成的年代，據楊伯峻先生考證的結果，裁定《左傳》一書是戰國初年人依各諸侯國的史料編寫而成，成書年代約在西元前403年魏斯爲侯之後、西元前386年周安王十三年田氏篡齊之前。〔註64〕

三、《左傳》的質性與特色

　　東漢桓譚《新論‧正經第九》云：「《左氏傳》於經（指《春秋》），猶衣之表裡，相待而成。經而無傳，使聖人閉門思之十年，不能知也。」〔註65〕這段話明確表達了《左傳》說解《春秋》的重要性。

　　值得注意的是，《左傳》內容與《春秋》經文並未密切配合，有時也會出現有經無傳的闕文現象。相反的，也有許多史事，經文隻字未提而傳文詳加記敘，甚至常突破編年限制，集中連貫地記載史事和傳記人物，因此，有的學者認爲《左傳》是自成其書，並非專爲注《春秋》而作。〔註66〕

　　統而言之，《左傳》的質性，或以爲是解《春秋》經文的「傳」，或認爲它是獨立之作，或折衷兩方意見，以爲《左傳》既有解經的性質同時又是自

〔註62〕司馬遷著，瀧川龜太郎考證：《史記會注考證‧十二諸侯年表‧序》（台北：宏業書局，1994年），卷14，頁228。
〔註63〕葉國良、李隆獻合著：《羣經概說》（台北：大安出版社，2005年），頁206。
〔註64〕參楊伯峻：《春秋左傳注‧前言》（高雄：復文圖書出版社，1991年），頁412。
〔註65〕楊家駱編：《全上古三代秦漢三國六朝文》（台北：世界書局，1982年），卷14，頁9。
〔註66〕參郁賢皓等注譯：《新譯左傳讀本‧導讀》（台北：三民書局，2006年），頁5。

成一體的史學鉅著。

　　而《左傳》在內容安排上，記敘春秋前期較爲簡略，對於典章制度也不詳加書寫；記敘春秋後期則較詳細精彩，尤其以襄公、昭公年間的史事最爲完備。以記載諸侯國的情形來看，晉、楚、魯國的史事最詳贍，齊、鄭、宋、衛國次之，曹、陳、蔡、秦、吳國則較少著墨。除了載錄當時政治史實外，也旁及文化、制度及社會層面。

　　《左傳》是史學瑰寶，其文學價值亦是不容小覷。《左傳》結構嚴謹，文筆流暢，人物形象栩栩如生，尤其在戰爭情節發展上，描寫的筆觸更是扣人心弦，其組織材料、駕馭文字的功力都臻於上乘，取得很高的成就。唐代劉知幾《史通・雜說上》說《左傳》：

　　　　左氏之敘事也，述行師，則簿領盈視，叱咤沸騰；論儲火，則區分
　　　　在目，修飾峻整；言勝捷，則收獲都盡；記奔敗，則披靡橫前；申
　　　　盟誓，則慷慨有餘；稱譎詐，則欺誣可見；談恩惠，則煦如春日；
　　　　紀嚴切，則凜若秋霜；敘興邦，則滋味無量；陳亡國，則淒涼可憫；
　　　　或腴辭潤簡牘，或美句入詠歌，跌宕而不群，縱橫而自得。若斯才
　　　　者，殆將工侔造化，思涉鬼神，著述罕聞，古今之卓絕。〔註67〕

清代劉熙載《藝概》也說：

　　　　《左傳》敘事，紛者整之，孤者輔之，板者活之，直者婉之，俗者
　　　　雅之，枯者腴之，剪裁運用之方，斯爲大備。〔註68〕

二者對《左傳》的文學技巧都予以高度的肯定。

第三節　《左傳》與《詩經》之關聯

一、引《詩經》中的作品

　　先秦文獻中，有關春秋時期賦詩、引詩事件的記載，散見於《左傳》、《國語》之中，而戰國以後的古籍，如《論語》、《孟子》、《荀子》、《周禮》、《儀禮》、《禮記》、《大戴禮紀》、《孟子》、《莊子》、《晏子春秋》、《管子》、《韓非

〔註67〕唐・劉知幾撰：《史通・雜說上》，收入《四庫全書存目叢書》（台南：莊嚴文化事業有限公司，1996 年），史部 279，卷 16，頁 232。
〔註68〕清・劉熙載：《藝概》（台北：廣文書局，1980 年），卷 1，頁 1。

子》、《商君書》、《呂氏春秋》、《戰國策》等文獻，依董治安先生的統計整理，〔註69〕亦有不少論《詩》、引詩的相關內容。這些文獻資料，對於今人了解先秦時期《詩》三百的流傳、應用及影響，提供了相當寶貴的訊息。而其中最重要者，則屬《左傳》一書。

《左傳》一書，大量載錄了春秋時期賦詩引詩活動史實，其賦、引《詩經》作品數量及次數之多，是先秦其它文獻無法媲及的。依筆者的歸納統計，再參酌前人的研究成果，總計《左傳》所載從魯隱公元年（722B.C.）始至魯定公四年（506B.C.）止，賦詩的事次共74次，賦詩篇數共80篇次。〔註70〕而從魯隱公元年（722B.C.）始至魯哀公二十六年（469B.C.）止，引詩事次共139次，引詩篇數達180篇次。〔註71〕從《左傳》賦、引詩篇的統計數目來看，可明顯看出《詩經》在先秦時期的廣爲流佈與應用的普遍。

二、引「逸詩」

從《左傳》大量稱引《詩》的資料中，發現某些詩篇或引用的詩句在今本《詩經》中並無記載，亦即所謂的「逸詩」。

《左傳》所引「逸詩」的篇名共四例：

> 僖公二十三年「重耳賦〈河水〉」
>
> 襄公二十六年「賦〈轡之柔矣〉」
>
> 襄公二十八年「誦〈茅鴟〉」
>
> 昭公二十五年「賦〈新宮〉」

以上四《詩》只提及篇名，並無內容的記載。

《左傳》所賦、所引「逸詩」的詩句共十一例：

> 隱公元年賦「大隧之中，其樂也融融。」、「大隧之外，其樂也洩洩。」
>
> 莊公廿二年引詩「詩云：翹翹車乘，招我以弓，豈不欲往，畏我友朋。」
>
> 僖公五年賦詩「狐裘尨茸，一國三公，吾誰適從。」
>
> 成公九年引詩「詩曰：雖有絲麻，無棄菅蒯；雖有姬姜，無棄蕉萃；

〔註69〕董治安：《先秦文獻與先秦文學》（濟南：齊魯書社，1994年），頁64～88。
〔註70〕詳見第四章「賦詩統計表」，頁70～71。
〔註71〕詳見第五章「引詩統計表」，頁116～117。

凡百君子，莫不代匱。」

襄公五年引詩「詩曰：周道挺挺，我心扃扃，講事不令，集人來定。」

襄公八年引詩「周詩有之曰：俟河之清，人壽幾何？兆云詢多，職競作羅。」

襄公廿一年引詩「詩曰：優哉游哉，聊以卒歲。」

襄公三十年引詩「又曰：淑慎爾止，無載爾偽。」

昭公四年引詩「詩曰：禮義不愆，何恤於人言。」

昭公十二年引〈祈招〉之詩「詩曰：祈招之愔愔，式昭德音，思我王度，式如玉，式如金，形民之力，而無醉飽之心。」

昭公廿六年引詩「詩曰：我無所監，夏后及商，用亂之故，民卒流亡。」

僖公二十三年，重耳拜見秦穆公時，賦〈河水〉，《國語·晉語》也有此事的記載，韋昭注曰：「河當作沔，字相似誤也。」〔註72〕若〈河水〉是〈沔水〉之筆誤，那麼〈河水〉就不是「逸詩」了。但也有學者仍視之為「逸詩」，如陳啟源《毛詩稽古編》〈小雅·沔水〉條曰：「河、沔字形雖相似，不應內、外傳兩書同誤。」〔註73〕宣公二年，趙盾引「我之懷矣，自詒伊慼」杜預注「逸詩」，但王肅曰：「此〈邶風·雄雉〉之詩。」〔註74〕只是《左傳》之「慼」字在今《詩》中作「阻」，依王肅的說法，則《左傳》所引詩句可能是〈雄雉〉的異文。

從「逸詩」的留存，可作為今本《詩經》非本來面貌的最佳證據，亦可視為《詩經》在集結、編訂過程中的一個過渡。《詩經》在孔子早年、春秋賦詩、引詩風氣盛行時業已成編，因此孔子屢稱「詩三百」；而《墨子·公孟》中亦有言「誦詩三百，弦詩三百，歌詩三百，舞詩三百」，〔註75〕「詩三百」是一個概略的統稱，初步的集結，然經戰火的衝擊致使部分詩文散佚，到《毛詩》之後經儒者補益才成為今日所見定本。「逸詩」的價值，正足以證明《詩經》並非如今日所見只有三百篇，今日《詩經》亦非春秋時期的原本。

〔註72〕左丘明著，韋昭注：《國語·晉語四》，頁361。

〔註73〕陳啟源：《毛詩稽古編》，收入《皇清經解毛詩類彙編》（濟南：山東友誼書社，1991年），卷71，頁113。

〔註74〕晉·杜預注，唐·孔穎達等正義：《春秋左傳正義》，卷21，頁373。

〔註75〕墨翟撰，清·孫詒讓校：《墨子·公孟第四十八》（台北：華正書局，1987年），卷12，頁418。

三、朝聘宴享、外交場合賦詩引詩風氣

敬德與天命是周初統治思想的核心,並藉由禮樂、文教來推行。此一思想經由各項措施的建置和實行,於是形成典禮樂章的規範系統。而這典禮樂章的規範系統首重宗廟祭祀儀節的行使,其次則為區別君臣名分的燕饗之禮。而《詩經》是貴族階層之作,既屬貴族書寫領域則其政教意涵自當包括其中。由於《詩經》的政教意涵可在典禮樂章的規範系統上具體的呈現,自然朝聘宴享、外交場合賦詩引詩風氣的形成亦是水到渠成之事。所以「《詩》三百篇原為樂章,到春秋時代發展出新的用途,即所謂的『言教』。表現言教的具體方式有二:其一是『賦詩』,其二是『引詩』。」〔註76〕

「燕」與「饗」(「燕」主歡樂,「饗」主敬謹)是西周貴族社會的重要儀節,其功用不僅是待賓之禮,也藉由禮節的進行,寓君臣之義於其中。賦詩的風氣應來自燕饗禮的儀節,這在《左傳》、《國語》多有記載。但又可分兩類,「其一,饗燕之際賦詩。這又有『例賦』與『特賦』之分──前者指『循例所歌之詩,亦即燕禮中所謂正歌也』,後者則係『特為賦詩以亦〔註77〕其意也』。其二,因事賦詩。於饗燕場合之外,為達某特定目的而為之賦詩屬之。」〔註78〕舉《左傳》昭公二年為例:

> (晉韓宣子)自齊聘於衛,衛侯享之。北宮文子賦〈淇澳〉,宣子賦〈木瓜〉〔註79〕

〈淇澳〉是〈衛風〉的一篇,美武公之德。杜預《左傳注》認為北宮文子是在讚美宣子有武公之德。此即例賦。

另有因事賦詩的,如《左傳》襄公十九年:

> 齊及晉平,盟于大隧。故穆叔會范宣子于柯。穆叔見叔向,賦〈載馳〉之四章。叔向曰:「肸敢不承命!」穆叔歸,曰:「齊猶未也,不可以不懼。」乃城武城。〔註80〕

〈載馳〉是〈鄘風〉的一篇,其中「控于大邦,誰因誰極」兩句,旨在向大國求救以自助。所以穆叔是藉賦詩來暗示求助的心意。

〔註76〕葉國良、夏長樸、李隆獻:《經學通論》,頁445。

〔註77〕觀其後文句義,此處「亦」字應為筆誤,改為「表」字便明白可解。

〔註78〕彭武順:《「詩」在周代政治傳播中之應用及其媒介性格之演變》(台北:國立政治大學新聞研究所碩士論文,1987年),頁56。

〔註79〕晉・杜預注,唐・孔穎達等正義:《春秋左傳正義》,卷42,頁719。

〔註80〕晉・杜預注,唐・孔穎達等正義:《春秋左傳正義》,卷34,頁587。

除宴享會場有賦詩行為外，賦詩的時機多半在正式的外交場合，而以各國諸侯大夫間的聘問活動最常出現。如《左傳》僖公二十三年秦穆公招待流亡的晉公子重耳一事：

> 他日，公享之。子犯曰：「吾不如衰之文也，請使衰從。」公子賦〈河水〉。公賦〈六月〉。趙衰曰：「重耳拜賜！」公子降，拜，稽首，公降一級而辭焉。衰曰：「君稱所以佐天子者命重耳，重耳敢不拜？」〔註81〕

賦詩是以詩代辭，做為辭令的主體；引詩則詩句用處在強調或注解言語，並非辭令的主體。〔註82〕例如《左傳》襄公七年：

> 冬，十月，晉韓獻子告老，公族穆子有廢疾，將立之。辭曰：「《詩》曰：『豈不夙夜？謂行多露。』又曰：『弗躬弗親，庶民弗信。』無忌不才，讓其可乎？請立起也。」〔註83〕

穆子所引之詩的前兩句是〈國風·召南〉的〈行露〉，詩原意是講女子拒婚之「行」，而穆子卻斷章取義詮解為自己身有殘疾，難以夙夜從公。後兩句則出自〈小雅·節南山〉，同樣是取其字面義而乖違本意。「然『賦詩』雖係辭令之主體，但其深意不在辭令之本身。而在行為所顯示之內涵；『引詩』固祗為部分之辭令，卻是其中重心之所在。無論係主體或部分，《詩》之所以為辭令之大宗，實與春秋尊尚『文辭』之潮流，有密切之關係。」，〔註84〕例如上舉秦穆公享重耳一事，子犯說：「吾不如衰之文也，請使衰從。」〔註85〕其所著意點即在「文」——辭令的運用。因此，「賦詩」與「引詩」之舉，在國際外交場合，樽俎折衝之時，實對「有效溝通」產生重要影響。

至於推展孔學貢獻甚大的孟、荀二人，他們用詩主要是「引詩」，以為自己的政治主張增加言辭上的說服力，而孟、荀二人引《詩》的差異性則是「荀子為議論而引詩，孟子則為記言述事而引詩」。〔註86〕如《孟子·滕文公章句上》：

> 今也南蠻鴃舌之人，非先王之道，子倍子之師而學之，亦異於曾子

〔註81〕 晉·杜預注，唐·孔穎達等正義：《春秋左傳正義》，卷15，頁253。
〔註82〕 葉國良、夏長樸、李隆獻：《經學通論》，頁447。
〔註83〕 晉·杜預注，唐·孔穎達等正義：《春秋左傳正義》，卷30，頁518。
〔註84〕 彭武順：《「詩」在周代政治傳播中之應用及其媒介性格之演變》，頁68。
〔註85〕 晉·杜預注，唐·孔穎達等正義：《春秋左傳正義·僖公二十三年》，卷15，頁253。
〔註86〕 何佑森：〈兩周文學〉，收入《中研院歷史語言研究所集刊》（台北：中央研究院歷史語言研究所，1974年），頁333。

矣。吾聞出於幽谷、遷于喬木者，未聞下喬木而入於幽谷者。魯頌
曰：「戎狄是膺，荊舒是懲。」周公方且膺之，子是之學，亦爲不善
變矣。〔註87〕

孟子批判陳相倍師而拜於許行之門，而引用〈魯頌〉加以說明，但這首頌詩
所指的對象是魯僖公，而非周公，此有斷章取義之嫌。又如：

孟子曰：「行有不得者，皆反求諸己。其身正而天下歸之。《詩》云：
『永言配命，自求多福。』」〔註88〕

《詩》云：「雨我公田，遂及我私。」惟助爲有公田。由此觀之，雖
周亦助也。〔註89〕

孟子在向他人說明自己的論點時，常用「以意逆志」的方法來援《詩》爲己
用，所謂「自求多福」即是在「反求諸己」的基礎上說的。而「雨我公田，
遂及我私」是在考證前代典章制度時援《詩》爲證。要言之，孟子在引詩論
詩上是繼承春秋到孔子以來的實用傳統，而「知人論世」、「以意逆志」的論
詩觀點，更顯示了在詩見解上的一大創獲。此外，以詩作爲對聖王德政的考
察，並且以所考察的史實來說明自己王道仁政的政治主張，這也是孟子用詩
的一大特點。

此外，《荀子》一書也可發現荀子亦大量引《詩》論《詩》，約有八十次
之多，荀子引《詩》以證事，如〈儒效篇〉和〈王霸篇〉都出現同樣的詩句：

故近者歌謳而樂之，遠者竭蹶而趨之，四海之內若一家，通達之屬
莫不從服。夫是之謂人師。《詩》曰：「自西自東，自南自北，無思
不服。」此之謂也。〔註90〕

致忠信，著仁義，足以竭人矣。兩者合而天下取，諸侯後同者先危。

《詩》曰：「自西自東，自南自北，無思不服。」一人之謂也。〔註91〕

荀子將《詩》作爲一般人的基礎常識，所以他在〈儒效篇〉和〈王霸篇〉引
〈大雅・文王有聲〉詩句表達相同意思，強調眞正的聖王必以道治國，而天
下皆歸心。可見《詩》在戰國時代是流傳很廣的著作，且賦詩、引詩是春秋

〔註87〕朱熹：《四書章句集注》，卷5，頁261。
〔註88〕朱熹：《四書章句集注・離婁章句上》，卷7，頁278。
〔註89〕朱熹：《四書章句集注・滕文公章句上》，卷5，頁255。
〔註90〕李滌生：《荀子集釋》，頁130。
〔註91〕李滌生：《荀子集釋》，頁245。

時代很普遍的社交行為，用詩以明志也成為當時的一種風尚，這說明了《詩》的實用性。

四、記錄《詩》與禮樂的關係

　　從春秋時期政治上的朝聘宴享、外交場合的賦詩、引詩風氣來看，《詩》與禮、樂有著密不可分的關係，尤其在君臣會見或各國卿大夫酬酢交際的場合，賦詩之時必須由樂工奏樂演唱，以禮交接，借詩來傳達雙方的心志，詩的頌美、請求、教戒意涵便由隆重莊嚴平和的樂聲呈現出來。

第三章 《詩序》的質性及其與《詩經》的關聯

第一節 《詩序》的作者

一、《毛詩序》的作者

「王者之跡息而《詩》亡」，春秋中葉以後，隨著周天子地位的衰微，往昔采詩、獻詩、作詩諷諫的風氣不復存在，孔子有感於禮樂的崩壞，並希冀繼承周公之職志，回復禮樂教化的傳統，在周遊列國卻得不到各國國君反響而失望返魯之際，乃決定著書並深耕於教育工作，其《春秋》一書便寄寓了「褒貶美刺」的大義。而孔子論《詩》，除了依國史教導國子的人倫教化內容來傳授弟子之外，且在這個基礎上更推而擴之，敷衍《詩》的微旨，門人聽受、領會、記載的情形不同，自然造成傳《詩》內容的歧異。〔註1〕

子夏序《詩》，即今日所見的《毛詩序》。而《魯詩》、《齊詩》、《韓詩》雖然現今都已散佚，然而從其它古籍的引述而得以留存的「三家詩」內容研判，《魯詩》、《齊詩》、《韓詩》亦都有《序》，且詞義上雖與《毛詩序》有所出入，但大體上仍是相符的，只是有「本義」、「引申義」上的差別。

關於子夏序《詩》的記載，陸德明《經典釋文·毛詩音義上》引沈重云：

案鄭《詩譜》意，〈大序〉是子夏作，〈小序〉是子夏、毛公合作。

〔註1〕戴維：《詩經研究史》（長沙：湖南教育出版社，2001年），頁52～53。

卜商意有不盡，毛更足成之。〔註2〕

《詩經·常棣·正義》引《鄭志》：

張逸問：「〈常棣〉箋云：『周仲文以左氏論之……，又此序子夏所爲，親受聖人，足自明矣。』」〔註3〕

《孔子家語·七十二弟子解》：

卜商，衛人，字子夏。少孔子四十四歲，習於詩能通其義。〔註4〕

王肅注云：

子夏所序《詩》義，今之《毛詩序》是也。〔註5〕

鄭康成及王肅都認爲《詩序》爲子夏所作，以王肅力詰鄭玄的情形來看，此處王肅的看法與鄭玄一致，因此，子夏序《詩》，應是確立無疑的。

二、今文經的《序》

《毛詩》屬於古文經學派，而《魯詩》、《齊詩》、《韓詩》則統歸於今文經學派，並稱爲「三家詩」。

「三家詩」雖已散佚，然而，從漢代古籍所引述的記載，可確信「三家詩」也都有《序》。據魏源《詩古微》的彙錄，學者王禮卿先生整理如下：

韓詩周南序曰：「其地在南郡南陽之閒。」〔註6〕

又曰：

關雎，刺時也。漢廣，說人也。……伐木，文王敬故也。……那，美襄公也。〔註7〕

其句例與《毛詩》首序一例，則皆《韓詩序》也。〔註8〕

劉向傳習《魯詩》，其《列女傳·貞順篇》說：

〔註2〕 唐·陸德明：《經典釋文·毛詩音義上》（台北：藝文印書館，1965年），卷5，頁1。
〔註3〕 漢·鄭玄箋，唐·孔穎達等正義：《毛詩正義》，頁320。
〔註4〕 王肅：《孔子家語·七十二弟子解》，收入《景印文淵閣四庫全書》（台北：台灣商務印書館，1983年），卷9，頁695之86。
〔註5〕 王肅：《孔子家語·七十二弟子解》，卷9，頁695之86。
〔註6〕 魏源：《詩古微·通論二南》，收入《續修四庫全書》77冊（上海：上海古籍出版社，1995年），頁60。
〔註7〕 魏源：《詩古微·詩序集義》，收入《續修四庫全書》77冊，頁313～339。
〔註8〕 王禮卿：〈詩序辨〉，收入熊公哲等著：《詩經論文集》（台北：黎明文化事業公司，1982年），頁427。

夫人者，息君之夫人也。楚伐息，破之。虜其君，使守門。將妻其
夫人，而納之於宮。楚王出遊，夫人遂出見息君，謂之曰：「人生要
一死而已，何至自苦！妾無須臾而忘君也，終不以身更貳醮。生離
於地上，豈如死歸於地下哉！」乃作詩曰：「穀則異室，死則同穴。
謂予不信，有如皦日。」息君止之，夫人不聽，遂自殺，息君亦自
殺，同日俱死。楚王賢其夫人，守節有義，乃以諸侯之禮合而葬之。
君子謂夫人說於行善，故序之於詩。〔註9〕

《列女傳‧貞順篇》說：

黎莊夫人者，衛侯之女，黎莊公之夫人也。既往而不同欲，所務者
異，未嘗得見，甚不得意。其傅母閔夫人賢，公反不納，憐其失意，
又恐其已見遣，而不以時去，謂夫人曰：「夫婦之道，有義則合，無
義則去。今不得意，胡不去乎？」乃作詩曰：「式微式微，胡不歸？」
夫人曰：「婦人之道，壹而已矣。彼雖不吾以，吾何可以離於婦道乎！」
乃作詩曰：「微君之故，胡爲乎中路？」終執貞壹，不違婦道，以俟
君命。君子故序之以編詩。〔註10〕

從「故序之於詩」、「君子故序之以編詩」的記錄，可推知《魯詩》亦有《序》。

《齊詩》存者最少，而魏人張揖習《齊詩》，其〈上林賦〉注云：「伐檀，
刺賢者不遇明王也。」句例亦與《毛詩》首序正同，是即《齊詩序》也。〔註11〕
據此，王禮卿先生乃下一結論：

《詩序》四家皆有，足證非毛一家一人所獨撰。而四家既皆有《序》，
則其源必有所出，而其用必有所同。……是知《詩序》原於國史，
傳自聖門，以至四家。而其序怡時有異同者：以詩有本義引申義之
別。……四家或明本義，或明引申義，所明同者則《序》說同，所
明異者則《序》說異。四家《序》所以有同異者，職是故也。更進
而考之，即四家義同之《序》，其詞未必悉同，抑又何耶？蓋所謂《序》
出國史之一源者，謂其義也，非謂其詞也。〔註12〕

又言：

〔註9〕漢‧劉向撰，清‧梁端校注：《列女傳‧貞順傳》（台北：台灣中華書局，1983
年），卷4，頁4。
〔註10〕漢‧劉向撰，清‧梁端校注：《列女傳‧貞順傳》，卷4，頁3。
〔註11〕王禮卿：〈詩序辨〉，頁427。
〔註12〕王禮卿：〈詩序辨〉，頁427～428。

首序或爲國史之詞，……四家《序》即義同而詞亦異者，職是故也。
〔註13〕

第二節　《詩序》的內容與流傳

一、《毛詩序》內容

今本《毛詩》各詩篇之前，都有一類似題解式的序文，稱之爲《毛詩序》，其主要作用在說明各詩篇的要旨或寫作背景。首篇〈關雎序〉除了介紹〈關雎〉篇旨之外，更可視之爲整部《詩經》的綱領，其內容思想貫串於《詩》三百各篇之中。

大抵言之，《詩序》內容可以「人倫教化」意涵來總括。關於《詩》的功用，〈關雎序〉說得很清楚：「先王以是經夫婦，成孝敬，厚人倫，美教化，移風俗。」〔註14〕正指出《詩》一種自上而下的教化作用。而「上以風化下，下以風刺上」，公卿大夫亦以《詩》做爲「譎諫」的憑藉，使「言之者無罪，聞之者足以戒」。爲敘述、討論的方便，現將全文著錄於下：

> 〈關雎〉，后妃之德也。風之始也，所以風天下而正夫婦也，故用之鄉人焉，用之邦國焉。風，風也，教也；風以動之，教以化之。詩者，志之所之也，在心爲志，發言爲詩。情動於中而形於言，言之不足故嗟歎之，嗟歎之不足故永歌之，永歌之不足，不知手之舞之足之蹈之也。情發於聲，聲成文，謂之音。治世之音安以樂，其政和；亂世之音怨以怒，其政乖；亡國之音哀以思，其民困。故正得失，動天地，感鬼神，莫近於詩。先王以是經夫婦，成孝敬，厚人倫，美教化，移風俗。故詩有六義焉，一曰風，二曰賦，三曰比，四曰興，五曰雅，六曰頌。上以風化下，下以風刺上，主文而譎諫，言之者無罪，聞之者足以戒，故曰風。至于王道衰，禮義廢，政教失，國異政，家殊俗，而變風變雅作矣。國史明乎得失之迹，傷人倫之廢，哀刑政之苛，吟詠情性，以風其上，達於事變而懷其舊俗者也。故變風發乎情，止乎禮義。發乎情，民之性也；止乎禮義，

〔註13〕王禮卿：〈詩序辨〉，頁429。
〔註14〕漢・鄭玄箋，唐・孔穎達等正義：《毛詩正義》，頁15。

先王之澤也。是以一國之事，繫一人之本，謂之風；言天下之事，
形四方之風，謂之雅。雅者，正也，言王政之所由廢興也。政有小
大，故有小雅焉，有大雅焉。頌者，美盛德之形容，以其成功告於
神明者也。是謂四始，詩之至也。然則〈關雎〉、〈麟趾〉之化，王
者之風，故繫之周公，南，言化自北而南也。〈鵲巢〉、〈騶虞〉之德，
諸侯之風也，先王之所以教，故繫之召公。〈周南〉、〈召南〉，正始
之道，王化之基。是以〈關雎〉樂得淑女以配君子。憂在進賢，不
淫其色，哀窈窕，思賢才，而無傷善之心焉，是〈關雎〉之義也。
〔註15〕

（一）〈關雎序〉的內容

　　〈關雎〉是《詩經・國風》的首篇，其〈序〉文曰：「〈關雎〉，后妃之德
也，風之始也，所以風天下而正夫婦也，故用之鄉人焉，用之邦國焉。」孔
穎達《毛詩正義》說：「言后妃之有美德，文王風化之始也。言文王行化始於
其妻，故用此爲風教之始。」〔註16〕在〈序〉文中，雖然並未說明后妃係指
何人，但一般儒者多尊崇文王的仁德，因此也多認爲后妃係指文王之妻。五
倫中，夫婦可謂人倫的肇始，文王有明德，以仁心施於天下，后妃從旁輔佐，
亦舉用賢才，二者誠爲天下夫婦之道的典範。其影響力從邦國以至於鄉野，
天下人無不起而效之。〈序〉文曰：「經夫婦，成孝敬，厚人倫，美教化，移
風俗。」夫婦之道既已確立，孝敬之心亦隨之養成，並將之厚植於君臣、父
子、兄弟、朋友關係之上，以達到教化人民、移風易俗的目的。〈關雎〉居於
《國風》、甚至整部《詩經》之首，實際上有它重要意涵，具總起後來各《詩》
篇之關鍵作用。

（二）大序、小序之別

　　一般學者的看法，置於〈關雎序〉中統論《詩經》全書意旨者爲〈大序〉，
置於各《詩》篇之前，單就該《詩》本旨做說明者爲〈小序〉。然而，歷代學
者對於〈大序〉、〈小序〉如何區劃，卻沒有一個定論。
　　蕭統《昭明文選・詩序》及《十三經注疏・詩序》以「〈關雎〉，后妃之
德也」至「用之邦國焉」爲〈關雎序〉，謂之〈大序〉，以下則爲〈小序〉。

〔註15〕漢・鄭玄箋，唐・孔穎達等正義：《毛詩正義》，頁12～19。
〔註16〕漢・鄭玄箋，唐・孔穎達等正義：《毛詩正義》，頁12。

陸德明《經典釋文・毛詩音義上》言：「舊說云，起此（關雎，后妃之德也）至『用之邦國焉』，名〈關雎序〉，謂之〈小序〉。自『風，風也』訖末，名為〈大序〉。」〔註17〕陸德明認為「風，風也」以至篇末「是關雎之意也」為〈大序〉，篇首「〈關雎〉，后妃之德也」至「用之邦國焉」為〈小序〉。

游敬錄認為從「詩者，志之所之也」以下為〈大序〉，篇首「〈關雎〉，后妃之德也」至「教以化之」為〈小序〉。

朱熹《詩序辨說》以「詩者，志之所之也」至「詩之至也」為〈大序〉，其餘前、後文則併為〈小序〉。

其實，《詩序》沒有大、小序之分，〈關雎〉居《詩》三百之首，當時《詩序》作者寫〈關雎序〉時，除說明王者及后妃之德得以風化天下外，又兼論全書之義，成為《序》旨的樞紐，因此，所謂的〈大序〉與〈關雎小序〉其實應鎔鑄一體而不可分割。所以，潘重規先生〈詩序明辨〉一文說：

> 六朝人沈重、劉炫之流，自有大小序之說，而實於古無徵，故陸德明正之曰：「今謂此序止是〈關雎〉之序，無大小之異。」孔穎達辨之尤為明審，其〈毛詩關雎正義〉曰：「諸序皆一篇之義，但詩理深廣，此為篇端，故以詩之大綱，併舉於此。」陸孔之論，最達古人屬文之體，故不以六朝分析大小為然。〔註18〕

（三）〈小雅〉六篇「有義亡辭」的笙詩

《詩》三百，各有〈序〉文繫之於首，即使是六篇「有意亡辭」的笙詩，其〈序〉文依然留存，原因在於《詩序》本是獨立於《詩經》之外，單獨成書，而後毛公作《詁訓傳》始將之散列於各《詩》篇之前，以方便注解，〈南陔〉、〈白華〉、〈華黍〉、〈由儀〉、〈由庚〉、〈崇丘〉六篇笙詩的內容雖已亡佚，然而〈序〉文仍完整保留，其原因也在於此。

（四）美、刺作用

〈關雎序〉曰：「上以風化下，下以風刺上，主文而譎諫，言之者無罪，聞之者足以戒。」言《詩》的目的是為了讓周天子得以觀民風俗，探知民心向背；臣下以《詩》作為譎諫工具來達到勸善懲惡的作用。先王以善行潤澤天下，《詩序》作者則加以稱美；若君失其德，致使社會動盪，民不聊生，《詩

〔註17〕唐・陸德明：《經典釋文・毛詩音義上》，卷5，頁1。
〔註18〕潘重規：〈詩序明辨〉，《學術季刊》第4期（1955年），頁21。

序》作者則顯言「刺某人」、「刺某事」。依學者張成秋的整理，從〈小序〉首句，可將詩篇大別爲兩組：美詩與刺詩。美詩又可分爲四類，甲類稱文王、后妃、夫人或大夫妻之德或其長處，雖不明言美詩，實爲美詩之極致也。乙類言「美某人也」，其云嘉、戒、誘、規、誨、頌，亦美之同義語。丙類美某事，此類詩多不言美字，但美意甚明。丁類爲祭祀詩。而刺詩又可分爲兩類，甲類爲「刺某人」，如：刺幽王、刺其它諸王、刺諸公等。乙類爲「刺某事」，其云閔、思、傷、止、疾、悔，亦刺之同意語。如：閔周之詩、刺亂之詩、刺不用賢、刺學校廢無禮節、刺失德等。總計美詩凡 143 首，刺詩凡 168 首，合共凡 311 首。〔註 19〕

二、今古文經的《序》

四家詩的《序》旨雖然各有所偏重而使《序》文相異，然而從《序》義來相互比對參照，仍可看出四家《序》同出一源的痕跡，只是因《詩》本義及引申義的釋詩方法不同而有所差異。

學者王禮卿〈詩序辨〉對《詩》本義及引申義之別有這麼一段敘述：

> 以其同出一源，故同傳一義者，則其義皆同，如毛魯周頌序是也。蓋周頌爲美德告神之詩，非述事言情之作，故無引申義。……分傳兩義者，則詞義竝異：如前引風詩各篇魯韓序，與毛序迥，韓雅序亦有異毛者，即其各明一義之別也。蓋風雅爲感物興懷，多言情述事之詞，故引申義頗多也。……四家《序》所以有同異者，職是故也。〔註 20〕

〈頌〉主要用於宗廟祭祀，所以多屬本義，〈雅〉爲朝廷享宴之用，本義、引申義兼有之，而〈國風〉含蓋層面廣，則以引申義爲主。然而不論是本義或引申義，皆與人倫教化有密不可分的關係。此外，從《尚書》以至漢代的古籍中，也可找到與四家詩《序》義相符者，或者《毛詩序》與《魯詩》、《齊詩》、《韓詩》三家詩序說法相類似的例證，這些都是四家詩序同出一源的明證，也是證明《毛詩序》可信的重要依據。

〔註 19〕張成秋：《詩序闡微》（台北：中國文化大學中文研究所博士論文，1975 年），頁 217～226。

〔註 20〕王禮卿：〈詩序辨〉，頁 428。

三、《毛詩序》的成書

　　《詩經》的序文，原本有四家，並非《毛詩》所獨具，但《齊詩》在魏代已亡，《魯詩》亡於西晉，〔註21〕《韓詩》在南宋時遺佚，目前流傳者只有《韓詩外傳》十卷，隨著三家詩的亡失，三家詩《序》也跟著湮沒，因此，今日所見之《詩序》即專指《毛詩序》。

　　南宋朱熹據《後漢書·儒林傳》的記載，誤以爲《詩序》作者是東漢的衛宏，引發了數百多年的尊、廢《序》之爭。而既然已確定《詩序》非衛宏所作，且從古籍的記載和漢代鄭玄、王肅之語，都明確指出《詩序》爲子夏所作，則《詩序》作者的疑議，可謂渙然冰釋矣。

　　陳奐《詩毛氏傳疏·敘錄》曰：

> 卜子子夏親受業於孔子之門，遂隱括詩人本志，爲三百十一篇作序。數傳至六國時，魯人毛公依序作傳。其序意有不盡者，傳乃補綴之，而於詁訓特詳，授趙人小毛公。〔註22〕

《漢書·藝文志》曰：

> 漢興，……又有毛公之學，自謂子夏所傳，而河間獻王好之，未得立。〔註23〕

《經典釋文·序錄》引吳徐整曰：

> 子夏授高行子，高行子授薛倉子，薛倉子授帛妙子，帛妙子授河閒人大毛公。毛公爲詩故訓傳於家，以授趙人小毛公。小毛公爲河間獻王博士。〔註24〕

陸璣《毛詩草木鳥獸蟲魚疏》云：

> 孔子刪詩，授卜商，商爲之序，以授魯人，魯身授魏人李克，克授魯人孟仲子，仲子授振牟子，振牟子授趙人荀卿，荀卿授魯國毛亨。〔註25〕

〔註21〕唐·魏徵撰：《隋書·經籍志》卷三十二說：「《齊詩》魏代已亡，《魯詩》亡於西晉。《韓詩》雖存，無傳之者，唯《毛詩》、《鄭箋》至今獨立。」（台北：藝文印書館，1958 年），頁 475。

〔註22〕陳奐：《詩毛氏傳疏·敘錄》（台北：廣文書局，1979 年），頁 1。

〔註23〕漢·班固撰，唐·顏師古注，楊家駱主編：《漢書·藝文志第十》，卷 30，頁 1708。

〔註24〕唐·陸德明：《經典釋文·序錄》，卷 1，頁 19。

〔註25〕陸璣：《毛詩草木鳥獸蟲魚疏》，收入清·永瑢、紀昀等撰：《景印文淵閣四庫全書》（台北：台灣商務印書館，1986 年），冊 70，頁 21。

《經典釋文》與陸《疏》所言之《毛詩》授受源流雖有很大的出入，然而其首都指歸於子夏，因此，《詩序》的寫成，最初可追溯到子夏，並非虛言。學者戴維先生《詩經研究史》說：

> 《毛詩》被漢初的河間國立為博士，而河間國在地域上屬故趙地。……孔子的一些弟子就在孔子死後，一直在魏趙等地教授，其中就有子夏。……以子夏之材（孔子所首肯的能夠說《詩》之人），魏文侯之好學，子夏的學說或乾脆說詩學將得到極大的發展，在魏趙之地廣為流傳是一定的了。漢初流行古文經傳的河間國，且立有《毛詩》博士，就正是子夏傳經說詩的地區。所以，《詩序》是子夏詩學派觀點的薈萃，其作者也就是子夏詩學派的學者，甚至就是子夏本人。爾後經毛公諸人才成為完篇，甚至經過東漢衛宏才成為今天所流傳的《毛詩序》的定制，也是可能的。〔註26〕

子夏作《詩序》，大體上應已完備，只是經過秦火之後，部分《序》文殘闕，可能經過漢初師承弟子的補足、增益過程，才成為今日流傳的《詩序》定本。而後人謂《毛傳》與《詩序》有不盡相同處，係導源於此。

四、宋代尊、廢《序》之爭

宋代以前，鄭玄、王肅、陸璣都主張子夏是《詩序》的作者。如《詩·常棣·疏》引《鄭志》曰：

> 此序子夏所為，親受聖人。〔註27〕

《四庫全書總目·詩序》云：

> 以為子夏所序《詩》，即今《毛詩序》者，王肅《家語注》也。〔註28〕

陸璣《草木鳥獸蟲魚疏》云：

> 孔子刪詩，授卜商，商為之序。〔註29〕

鄭玄為兩漢今、古文經之集大成者。鄭玄《六藝論》云：

> 注《詩》宗毛為主，毛義若隱略，則更表明；如有不同，即下己意，

〔註26〕 戴維：《詩經研究史》，頁97。

〔註27〕 漢·鄭玄箋，唐·孔穎達等正義：《毛詩正義》，頁320。

〔註28〕 清·永瑢、紀昀等撰：《武英殿本四庫全書總目提要》，卷15，經部15，詩類一，頁1之321。

〔註29〕 陸璣：《草木鳥獸蟲魚疏》，收入清·永瑢、紀昀等撰：《景印文淵閣四庫全書》，冊70，頁21。

使可識別也。〔註30〕

他爲《毛詩》作《箋》，成爲一個極具影響力的學派。而到了魏晉時期，《毛詩》地位更形穩固，定於一尊，直至隋、唐，即使已有學者開始對《詩序》產生疑議，但大多仍尊《毛傳》、鄭《箋》之義且遵《序》爲說。宋代慶曆以後，疑經、改經風氣盛行，宋儒解詩，多所創新，喜歡以己意釋《詩》，《詩序》作者問題備受儒者矚目。到了南宋時期，鄭樵、王質、朱熹等更主張廢除《詩序》。鄭樵著《詩辨妄》，高舉廢《序》的大纛；王質著《詩總聞》，起了推波助瀾之效；其中，又以朱熹的影響力最大。朱熹曾說：

> 大抵《小序》盡出後人臆序，若不脫此窠臼，終無緣得正當也。〔註31〕

> 作《詩序》者正如山東學究，見識卑陋而胡說。〔註32〕

> 熹自二十歲時讀《詩》……不可勝言。〔註33〕

> 《詩序》實不足信。向來見鄭漁仲有《詩辨妄》，力詆《詩序》，其間言語雖太甚，以爲皆是村野妄人所作。始者亦疑之，後來仔細看一兩篇，因質之《史記》、《國語》，然後知《詩序》之果不足信。〔註34〕

> 看來《詩序》當時只是個山東學究等人做，不是老師宿儒之言，故所言都無一是當處。〔註35〕

朱熹所撰的《詩集傳》及《詩序辨說》成爲廢《序》派論《詩》的重要指歸。與此同時，以呂祖謙爲核心的尊《序》派跟廢《序》派勢如水火，成爲壁壘分明的兩大陣營。呂祖謙所撰的《讀詩記》（全稱爲《呂氏家塾讀詩記》）通過比對《魯》、《齊》、《韓》、《毛》四家詩，認爲《毛詩》與經傳最相合，最得《詩》義之眞，《讀詩記》卷二說：

〔註30〕 鄭玄：《六藝論》（台北：藝文印書館，1965 年），頁 3。

〔註31〕 宋・朱鑑撰：《詩傳遺說》卷二引〈答呂祖謙書〉，收入清・徐乾學輯，清・納蘭成德校訂：《通志堂經解》（台北：漢京文化事業有限公司，1985 年），17 冊，頁 9983。

〔註32〕 宋・朱鑑撰：《詩傳遺說》卷二引〈答呂祖謙書〉，收入《通志堂經解》，17 冊，頁 9984。

〔註33〕 宋・朱鑑撰：《詩傳遺說》卷二引周謨祥所錄，收入《通志堂經解》，17 冊，頁 9989。

〔註34〕 宋・朱鑑撰：《詩傳遺說》卷二引葉賀孫所錄，收入《通志堂經解》，17 冊，頁 9991。

〔註35〕 宋・朱鑑撰：《詩傳遺說》卷二引黃有開所錄，收入《通志堂經解》，17 冊，頁 9992。

> 魯齊韓毛，師讀既異，義亦不同，以魯齊韓之義尚可見者較之，獨
> 《毛詩》率與經傳合，〈關睢〉正風之首，三家者乃以爲刺，餘可知
> 矣，是則《毛詩》之義最爲得其眞也。間有反復煩重，時失經旨，
> 如〈葛覃〉、〈卷耳〉之類，蘇氏以爲非一人之辭，蓋近之，至於止
> 存其首一言，而盡去其餘，則失之易矣。〔註36〕

呂祖謙雖然承認《詩序》有部分是經後人附益的痕跡，但考辨的結論是「《毛詩》率與經傳合」，也就代表《序》文與經傳相合是有根據而非抄襲或附會史實，從而穩固了《詩序》的價值，而這立場也獲得了戴溪、嚴粲、段昌武等人的擁護。

　　尊、廢《序》之爭，在南宋時期達到了一個高峰。朱熹與呂祖謙兩人是好友，但在《詩》學上，兩派各執已見，當呂祖謙死後，南宋末年以朱熹爲首的廢《序》聲浪更爲浩大，朱熹理學地位的備受推崇，也直接促成《詩集傳》影響的廣被，其傳播速度及範圍迅速擴增，尤其到了元、明兩代，統治者都提倡「宋學」，科舉考試中的《詩》是以朱熹《詩集傳》爲準，《詩序》被摒棄不談，直至清初，甚至不爲世人所知。程元敏先生曰：

> 計由十二世紀晚葉朱子《詩集傳》成，到十八世紀後期崔述《讀風
> 偶識》著，六百年間，賴諸家力揭《序》短，《序》幾爲《詩》絕去，
> 遁不爲世知。〔註37〕

《詩序》之不受人重視，可見一斑！

第三節　《詩序》與《詩經》之關聯

一、反映「六經皆史、《詩經》是周朝政府檔案文獻」的事實

　　清代章學誠曾言：「六經皆史也。……六經皆先王之政典也。」〔註38〕這正說明了先秦古籍的史學價值。而在眾多先秦古籍中，《詩經》可算是保存最完整、具有高度眞實性的文獻資料了。透過《詩經》，吾人能夠清楚掌握周朝

〔註36〕呂祖謙：《呂氏家塾讀詩記》（台北：新文豐出版公司，1984年），卷2，頁24　～25。

〔註37〕程元敏：〈兩宋之反對詩序運動及其影響〉，《中山學術文化集刊》第二集（1968年），頁14。

〔註38〕章學誠：《文史通義・易教上》，頁1。

的政治、經濟、社會、文化等背景,其豐富的內涵,充分展現了西周文明及先民活動燦爛的一頁,實有助於今日歷史學、文字學、民俗學、語言學、考古學等各方面的研究。

　　《詩經》中,《大雅》的〈皇矣〉、〈生民〉、〈緜〉、〈公劉〉、〈蕩〉、〈文王〉、〈文王有聲〉、〈大明〉、〈思齊〉等,以及《周頌》的〈我將〉、〈武〉、〈賚〉、〈般〉、〈酌〉、〈桓〉等詩篇,是歌頌文王、武王的開國史詩。而三百十一篇也廣泛應用於各種典禮儀式上,諸如:宗廟祭祀、朝會宴饗、貴族言談、社會活動等,可以說是周朝禮樂制度下的產物,亦是推行教化的重要工具。

　　上古虞舜時代,便藉詩歌來養成人格並協合萬邦。《虞書‧舜典》云:

> 帝曰:夔,命汝典樂,教冑子,直而溫,寬而栗,剛而無虐,簡而無傲。詩言志,歌永言,聲依永,律和聲;八音克諧,無相奪倫;神人以和。〔註39〕

這種精神,爲周代《詩經》所繼承,貴族階級以《詩》教國子,特別重視道德的培養和人倫的和諧,由內而外、由上而下將《詩》教推行至全天下。其目的正如《詩序》所言:

> 先王以是經夫婦,成孝敬,厚人倫,美教化,移風俗。〔註40〕

《詩經》的史學價值及《詩》的教化意涵,其實都有賴於《詩序》才更得以彰顯。如《大雅‧皇矣‧序》曰:「皇矣,美周也。天監代殷,莫若周;周世世脩德,莫若文王。」〔註41〕言文王所以聖的原因在於「脩德」。《小雅‧楚茨‧序》曰:「楚茨,刺幽王也。政煩賦重,田萊多荒,饑饉降喪,民卒流亡,祭祀不饗,故君子思古焉。」〔註42〕然而〈楚茨〉詩文中,呈現的卻是一片昇平和樂的景象,其藉古刺今的反諷手法,須借助《序》文的說明,《詩》的眞意始得以明朗,其教戒意義才能爲世人確知。因此,《詩序》內容除了表達作者寫詩目的、敘述歷史背景之外,更明白指出了《詩》教意義。采集之詩及臣下所獻之詩,經樂官整理後成爲「先王之政典」,國史以《詩》教冑子,正足以說明《詩經》成爲周朝檔案文獻的事實,而教導的《詩》旨,即由後來的孔子繼承並傳授予弟子,經子夏之手而寫成《詩序》。因此,透過《詩序》

〔註39〕《虞書‧舜典》(台北:台灣開明書店,1984年),卷3,頁46。
〔註40〕漢‧鄭玄箋,唐‧孔穎達等正義:《毛詩正義》,頁15。
〔註41〕漢‧鄭玄箋,唐‧孔穎達等正義:《毛詩正義》,頁567。
〔註42〕漢‧鄭玄箋,唐‧孔穎達等正義:《毛詩正義》,頁453。

的內容，可以看出周朝史事的發展脈絡，也反映了《詩經》備受統治階層關注、為官府重要檔案文獻的事實。

二、《詩序》大多為「本義」，少數是「引申義」

周初，公卿列士獻詩，提供天子「觀風俗，知得失，自考正也」。〔註43〕《詩經》既然具備教化的功能，那麼，國史以《詩》教國子之時，其教諭意義勢必已然存在，然而是否經國史寫定而著之於竹帛，至少在今日是不得見、無法確知的。西周末年，幽王暴虐，民不聊生，士大夫有感於時局的動盪不安，委婉諷諫的刺詩乃應運而生。春秋時期，政治上的賦詩以及言語上的引詩，無不寓含美刺觀點，或依從《詩》的本義，或引而申之，因而具有「本義」、「引申義」的區別。

前文既已肯定「《詩經》並非民間歌謠總集」，而是具政教目的的集結，大多是貴族階級的產物，那麼，究竟《詩》教內涵如何？作為《詩經》題解角色的《詩序》，便是此處探討的核心。

依學者王禮卿的說法，所謂的「詩本義」，即「詩人初造此篇，所為作之義也。其義具於四家詩序。」〔註44〕而「引申義」者，則指「用古人之詩，而傅之以新義也。」〔註45〕又言：

> 蓋詩以比興為用，其變多方，引而申之，新意層出。故其義可深可淺，可廣可狹，可遠可近，可彼可此，可哀可愉，可怨可諷，可美可刺。……或假之以抒懷，或資之以諷諫。……是歌誦《詩》者甚多，或據本義以歌，或為引申義之諷，殆可知也。〔註46〕

《詩》有「本義」有「引申義」，《毛詩序》至今仍傳於世，《魯》、《齊》、《韓》詩序雖已散佚，但從其它古籍的引述仍得以一窺究竟，《魯》、《齊》、《韓》、《毛》四家詩序文雖不盡相同，但大多依詩本義為說，彼此之間可以通解。如〈召南・羔羊〉，〈毛序〉云：「〈羔羊〉，鵲巢之功致也。召南之國化文王之政，在位皆節儉正直，德如羔羊也。」〔註47〕《魯》說見《漢書・儒林傳・谷永上疏》：「退貪自公，私門不開，散賜九族，田畝不益，德配周召，

〔註43〕漢・班固撰，唐・顏師古注，楊家駱主編：《漢書・藝文志》，卷30，頁1708。
〔註44〕王禮卿：《四家詩恉會歸》（台中：青蓮出版社，1995年），頁91。
〔註45〕王禮卿：《四家詩恉會歸》，頁92。
〔註46〕王禮卿：《四家詩恉會歸》，頁92。
〔註47〕漢・鄭玄箋，唐・孔穎達等正義：《毛詩正義》，頁57。

忠合羔羊。」〔註48〕《齊》說見《易林・謙之離》:「羔羊皮革,君子朝服。
輔政扶德,以合萬國。」〔註49〕《韓》說見〈辥君章句〉:「詩人賢仕爲大夫
者,言其德能稱。有絜白之性,屈柔之行,進退有度數也。」〔註50〕學者王
禮卿愷攷曰:

> 《毛序》以此爲召南之國化文王之政,其君累積功行,故在位者皆
> 節儉正直,爲鵲巢功致之詩。韓亦謂「賢仕爲大夫者」之詞,《魯》、
> 《齊》義同《韓》、《毛》,四家無異議。蓋詩之本義也。〔註51〕

此爲四家詩序可以通解之一證。

另一方面,有時同一首詩,四家詩所載的《序》旨會有所出入,有的依
「本義」爲說,有的依「引申義」申述。只是與「本義」例數目相較來看,「引
申義」例誠屬少數。以〈邶風・靜女〉一詩來說,〈毛序〉曰:「〈靜女〉,刺
時也。衛君無道,夫人無德。」〔註52〕《齊》說見《易林・師之同人》:「季
姬踟躕,結衿待時,終日至暮,百兩不來。」〔註53〕又〈同人之隨〉:「季姬
踟躕,望我城隅,終日至暮,不見齊侯。居室無憂。」〔註54〕又〈大有之隨〉:
「踟躕跢躕,撫心搔頭,五晝四夜,睹我齊侯。」〔註55〕陳喬樅云:

> 《列女傳》亦載齊桓衛姬事,頌曰:「齊桓衛姬,忠款誠信。公好淫
> 樂,姬爲修身。望色請罪,桓公加焉。厥使治內,立爲夫人。」今
> 詳焦氏有「居室無憂」語,與《列女傳》言:「衛姬信而有行,桓公
> 善之,立爲夫人,使聽內治」說合。《左傳》云:「〈靜女〉之三章,
> 取彤管焉。」蓋美之也。然則《齊》詩之義,不以此詩爲刺,與毛
> 敍說迥殊矣。〔註56〕

〔註48〕漢・班固撰,唐・顏師古注,楊家駱主編:《漢書・儒林傳・谷永上疏》,卷
88,頁3605。

〔註49〕漢・焦延壽:《焦氏易林・謙之離》(台北:新文豐出版公司,1987年),卷1,
頁69。

〔註50〕漢・范曄撰,晉・司馬彪補志,唐・李賢等注:《新校本後漢書・王渙傳》(台
北:鼎文書局,1978年),卷76,頁2470。

〔註51〕王禮卿:《四家詩愷會歸》,頁37。

〔註52〕漢・鄭玄箋,唐・孔穎達等正義:《毛詩正義》,頁104。

〔註53〕漢・焦延壽:《焦氏易林・師之同人》,卷1,頁30。

〔註54〕漢・焦延壽:《焦氏易林・同人之隨》,卷1,頁58。

〔註55〕漢・焦延壽:《焦氏易林・大有之隨》,卷1,頁63。

〔註56〕阮元、陳壽祺、陳喬樅:《三家詩遺說考・齊詩遺說考》(上海:上海古籍出
版社,1995年),卷1,頁357。

所以王禮卿先生說：

> 《毛序》以此爲刺衛君及夫人無道德之詩。《齊》說則以爲季姬俟迎
> 而孟姬所作之詩。《魯》、《韓》義未聞。……是詩怡有兩說，《齊》
> 爲本義，《毛》爲引申義也。〔註57〕

又言：

> 詩本義之作，證合《左傳》、《易林》等書之言，當在齊桓公時。而《毛
> 序》於〈邶〉、〈鄘〉、〈衛〉刺公與夫人之詩，皆顯宣公宣姜，……是
> 知此詩引申之作，乃齊桓公後之衛君。……詩本義爲稱美之詞，引申
> 之怡轉爲刺詩者，此設想之體，即所謂「陳古以刺今也。」〔註58〕

此爲一詩有數種不同說解方式之一證，亦即《詩》有「本義」及「引申義」
的區別。

　　既然「本義」是詩人初造詩時的目的，而「引申義」是借前人之詩來抒
懷或微言諷諫，那麼，二者出現的時間順序必定是「本義」先、「引申義」在
後，然而卻也幾乎同時竝存。《詩經》之所以能在先秦尤其是春秋時期廣爲流
傳，主要是政治外交上「稱《詩》寓志」的風氣所帶動。賦詩、引詩時，藉
《詩》「比」或「興」的作用來延展《詩》本義，以配合當下交接情勢。因此，
「引申義」的產生是「稱《詩》寓志」時必然的發生結果，是從「本義」延
伸而來，藉著譬喻、隱喻方式以符合用《詩》情境，但仍與「本義」息息相
關，不可全然分割。

三、闡發微言大義、體現「溫柔敦厚」

　　有關《詩》寓有微言大義以及《詩》溫柔敦厚的說明，古籍及歷來學者
多有探討。鄭玄《六藝論》曰：

> 詩，絃歌諷諭之聲也。〔註59〕

六朝劉勰《文心雕龍・宗經》言辭藻之譎喻，曰：

> 詩主言志，訓詁同書，摛風裁興，藻辭譎喻，溫柔在誦，故最附深
> 衷矣。〔註60〕

〔註57〕王禮卿：《四家詩怡會歸》，頁 425。
〔註58〕王禮卿：《四家詩怡會歸》，頁 430。
〔註59〕鄭玄：《淵鑑類函・六藝論》（台北：新興書局，1986 年），卷 193，頁 3378。
〔註60〕王更生注譯：《文心雕龍讀本》（台北：文史哲出版社，1999 年），頁 34。

《禮記‧經解篇》云：

> 孔子曰：「入其國，其教可知也。其爲人也溫柔敦厚，詩教也。……
> 其爲人也溫柔敦厚而不愚，則深於詩者也。」〔註61〕

孔穎達《正義》釋「溫柔敦厚」云：

> 溫，謂顏色溫潤；柔，謂情性和柔。詩依違諷諫，不指切事情，故
> 云：溫柔敦厚，詩教也。〔註62〕

釋「溫柔敦厚而不愚」云：

> 此一經以詩化民，雖用敦厚，能以義節之；欲使民雖敦厚，不至于
> 愚。則是在上深達於詩之義理，能以詩教民也。故云「深於詩者也」。
>
> 〔註63〕

清焦循《毛詩補疏‧序》云：

> 夫溫柔敦厚者也，不直言之而比興言之，不言理而言情，不務勝人
> 而務感人。〔註64〕

又焦循解釋〈蒹葭‧序〉詩義云：

> 嘗觀序之言刺，如〈氓〉、〈靜女〉刺時，……求之詩文不見刺意，
> 惟其爲刺詩而詩中不見有刺意，此三百篇所以溫柔敦厚，可以興、
> 可以觀、可以群、可以怨也。〔註65〕

周浩治〈以意逆志，詩之剛也〉云：

> 溫柔敦厚，指的是「不指切事情」、「婉曲不直言」，重在比興，重在
> 蘊蓄，重在反覆唱歎，重在婉陳，重在主文譎諫，勿過甚，勿過露。
>
> 〔註66〕

　　上位者以《詩》教民，在反覆吟詠或配合中正平和樂音的場景下，《詩》
溫柔敦厚的內涵更能深入人心，達到潛移默化的功效；臣下獻《詩》寄寓勸
諫，不直陳其事，或論君臣之義，或欲匡亂輔正，或揭露政經衰象，或憫民

〔註61〕 漢‧鄭玄注，唐‧孔穎達等注疏：《禮記‧經解篇》（台北：藝文印書館，1955
　　　　 年），卷50，頁845。
〔註62〕 漢‧鄭玄注，唐‧孔穎達等注疏：《禮記‧經解篇》，卷50，頁845。
〔註63〕 漢‧鄭玄注，唐‧孔穎達等注疏：《禮記‧經解篇》，卷50，頁845。
〔註64〕 清‧焦循：《毛詩補疏‧序》，收入《皇清經解毛詩類彙編》（台北：藝文印書
　　　　 館，1965年），卷1151，頁849。
〔註65〕 清‧焦循：《毛詩補疏‧序》，收入《皇清經解毛詩類彙編》，卷1153，頁872。
〔註66〕 周浩治：〈以意逆志，詩之剛也〉，《孔孟學報》第45期（1983年4月），頁
　　　　 192。

生疾苦，多用婉言來展現溫柔敦厚的用心，一方面可避免招來殺身之禍，另一方面又可達到諫諍的目的。這樣的情形，即《毛詩序》所言的：「上以風化下，下以風刺上，主文而譎諫，言之者無罪，聞之者足以戒。」〔註67〕

　　林師葉連〈論「溫柔敦厚，《詩》教也」〉一文，就詩情來論述《詩》中「溫柔敦厚」的特質，其內容包括：「王者之修養與認知」、「君臣之際」、「良政之反響」、「苛政、亂離與哀號」、「孝悌忠信之道」、「夫婦之道」、「熱愛祖國」、「萬物得所」等八項，〔註68〕藉由《詩序》來闡發《詩》的微言大義。如〈小雅・伐木〉曰：「伐木丁丁，鳥鳴嚶嚶。出自幽谷，遷于喬木。嚶其鳴矣，求其友聲。相彼鳥矣，猶求友聲；矧伊人矣，不求友生？神之聽之，終和且平。」〔註69〕〈伐木〉以鳥為例，言朋友相處之道，《詩序》更進一步闡明曰：「自天子至於庶人，未有不須友以成者；親親以睦，友賢不棄，不遺故舊，則民德歸厚矣！」〔註70〕又如〈鄭風・有女同車〉云：「有女同車，顏如舜華。將翱將翔，佩玉瓊琚。彼美孟姜，洵美且都。」〔註71〕表面上是讚美新婦孟姜，然而《詩序》卻說：「〈有女同車〉，刺忽也。鄭人刺忽之不昏於齊。太子忽嘗有功於齊，齊候請妻之。齊女賢而不取，卒以無大國之助，至於見逐。故國人刺之。」〔註72〕實際上本意是在刺鄭忽。鄭太子忽曾有功於齊，齊候欲以文姜妻之，然而鄭太子忽以「齊大非耦」的理由拒絕，最後因無大國的援助而為祭仲所逐，《左傳・隱公八年》亦記載了此段史事。若缺少《詩序》來說明《詩》所蘊涵的微旨，那麼，詩人作詩的本義便無從得知，甚至可能接受朱熹的說法，將之視為淫奔之詩了！

四、今古文經的《詩序》可以通解

　　《漢書・藝文志》說：

　　漢興，魯申公為《詩訓故》，而齊轅固、燕韓生皆為之傳，或取《春秋》，采雜說，咸非其本義。與不得已，《魯詩》最為近之。三家詩

〔註67〕漢・鄭玄箋，唐・孔穎達等正義：《毛詩正義》，頁16。

〔註68〕林師葉連：《詩經論文・論「溫柔敦厚，《詩》教也」》（台北：台灣學生書局，1996年），頁235～252。

〔註69〕漢・鄭玄箋，唐・孔穎達等正義：《毛詩正義》，頁327。

〔註70〕漢・鄭玄箋，唐・孔穎達等正義：《毛詩正義》，頁327。

〔註71〕漢・鄭玄箋，唐・孔穎達等正義：《毛詩正義》，頁171。

〔註72〕漢・鄭玄箋，唐・孔穎達等正義：《毛詩正義》，頁170。

皆列於學官。又有毛公之學，自謂子夏所傳，而河間獻王好之，未得立。〔註73〕

漢武帝時，魯恭王壞孔子宅而得壁中書，從此，魯、齊、韓三家詩，被稱爲「今文經」。但是，根據許愼《說文解字‧序》，壁中書當中的古文經並無《詩經》，而河間獻王博士毛亨所傳的《詩經》或許因爲注重名物訓詁等等特性，於是被歸屬於古文經。因此，《詩經》也有今、古文經的爭議。今傳《毛詩》各篇之首皆有序文，是爲《毛詩序》。然而《詩序》並非只有《毛詩》獨具，魯、齊、韓三家亦皆有《序》，只是東漢鄭玄注《詩》以《毛詩》爲宗，致使今文家之言逐漸失傳。

有關今文經的《序》，《魯詩》的主旨散見於焦延壽《易林》，而《韓詩》則主要保存於《韓詩外傳》。今日所見之《詩序》，主要係指《毛詩序》。而爲何獨《毛詩序》能完整留存至今？主因在於《毛詩序》原本是合編爲一卷之單行本，到漢朝時才散置於《毛詩故訓傳》各詩篇之前，因此能存有三百十一篇序。另外，《詩序》是根據口傳而紀錄，也造成今古文經的序略有不同，然而彼此之間仍是可以通解的。

今古文經四家詩序可以通解之例，如〈大雅‧行葦〉，〈毛序〉云：

〈行葦〉，忠厚也。周家忠厚，仁及草木，故能內睦九族，外尊事黃耇，養老乞言，以成其福祿焉。〔註74〕

《魯》說《列女傳‧晉弓工妻傳》云：

弓人之妻也，願有謁於君。平公見之，妻曰：「君聞昔者公劉之行乎？羊牛踐葭葦，惻然爲民痛之。恩及草木，豈欲殺不辜者呼？秦穆公有盜，食其駿馬之肉，反飲之以酒；楚莊王臣，援其夫人之衣，而絕纓與飲，大樂。此三君者，仁著於天下。」〔註75〕

《齊》說班彪〈北征賦〉：

慕公劉之遺德，及行葦之不傷。〔註76〕

《韓》說《吳越春秋》：

〔註73〕漢‧班固撰，唐‧顏師古注，楊家駱主編：《漢書‧藝文志第十》，卷30，頁1708。

〔註74〕漢‧鄭玄箋，唐‧孔穎達等正義：《毛詩正義》，頁600。

〔註75〕劉向：《列女傳‧辯通傳‧晉弓工妻》，卷6，頁2～3。

〔註76〕班彪：〈北征賦〉，收入清‧于光華校注：《評注昭明文選》（台北：學海出版社，1981年），卷2，頁19。

公劉慈仁，行不履生草，運車以避葭葦。〔註77〕

〈毛序〉雖統言「周家忠厚」而《魯》、《齊》、《韓》三家詩皆特指公劉之仁慈，然而仁及草木之忠厚，四家詩恉並同，此為四家詩序可以通解之一證。

又如〈魏風‧伐檀〉，〈毛序〉言：

〈伐檀〉，刺貪也。在位貪鄙，無功而受祿，君子不得進仕爾。〔註78〕

《魯》說蔡邕《琴操》：

〈伐檀操〉者，魏國之女所作也。傷賢者隱避，素餐在位，閔傷怨曠，失其嘉會。夫聖王之制，能治人者食於人，治於人者食於田。今賢者隱退伐木，小人在位食祿，懸珍奇，積百穀，並包有土，德澤不加百姓。傷痛上之不知，王道之不施，仰天長歎，援琴而鼓之。

〔註79〕

《齊》說桓寬《鹽鐵論‧國疾篇》：

功德不施於天下，而勤勞於百姓；百姓貧陋困窮，而家私累萬金，此君子所恥，而〈伐檀〉所刺也。〔註80〕

《韓》說《漢書‧王吉傳》云：

今使俗吏得任子弟，率多驕鷔，不通古今，至於積功治人，亡益於民。此〈伐檀〉所為作也。宜明選求賢，除任子之令。〔註81〕

綜言之，《魯》、《齊》、《韓》三家皆刺在位尸祿，賢不進用，與〈毛序〉「刺貪」並無差異，四家詩恉並同，此為四家詩序可以通解之又一證。

四家所述篇旨相同之詩，若詳加考究，仍有許多例證，表示今古文經的《詩序》是可以通解的。在此不一一備述。

五、〈孔子詩論〉對《詩序》的質性有證成作用

《上海博物館藏戰國楚竹書》（一）的出版，引發了學術界研究先秦學術思想的新熱潮。其中〈孔子詩論〉部分，因可與今本《詩經》互相參照、比

〔註77〕 漢‧趙曄：《吳越春秋‧吳太伯傳》（台北：台灣中華書局，1965年），卷1，頁1。
〔註78〕 漢‧鄭玄箋，唐‧孔穎達等正義：《毛詩正義》，頁210。
〔註79〕 漢‧蔡邕：《琴操》（台北：藝文印書館，1976年），頁4。
〔註80〕 漢‧桓寬：《鹽鐵論‧國疾篇》（北京：中華書局，1991年），卷5，頁142。
〔註81〕 楊家駱主編：《新校本漢書并附編二種‧王吉傳》（台北：鼎文書局，1986年），卷72，頁3065。

較，研究的學者紛起，目前研究的成果斐然可觀。〔註82〕

　　究竟上博簡〈詩論〉與《詩序》間的關係如何？大陸學者江林昌〈由古文經學的淵源再論《詩論》與《毛詩序》的關係〉一文論述道：

> 竹簡《詩論》的第一部分是總論《詩》的特徵，提出「詩亡隱志、樂亡隱情、文亡隱言」的命題。這一觀點，正爲《毛詩序》所承傳。《毛詩序》說：「詩者，志之所之也。在心爲志，發言爲詩。情動於中而形於言：言之不足，故嗟嘆之；嗟嘆之不足，故永歌之；永歌之不足，不知手之舞之、足之蹈之也。」《詩論》指出，「頌」的特點和功用在於頌揚推廣君主的功能，……《毛詩序》對「頌」的定義基本一致：「頌者，美盛德之形容，以其成功告於神明者也。」竹簡《詩論》又論「雅」，說「大夏（雅），盛德也」。……《左傳》襄公二十九年，吳公子觀樂，「爲之歌《大雅》，曰：『廣哉，熙熙乎，曲而有直體，其文王之德乎！』」可相互印證。竹簡《詩論》又論「小夏」的特點爲「怨退者也，衰矣，小矣」。這又與《左傳》襄公二十九年所說「爲之歌《小雅》，曰：『美哉，思而不貳，怨而不言，其周德之衰乎，猶有先王之遺民焉。』」相一致。竹簡《詩論》論「風」，強調其疏導諷諫作用，……《毛詩序》言「上以風化下，下以風刺上，……故曰風」。〔註83〕

江林昌比較了〈詩論〉與《毛詩序》對《頌》、《雅》、《風》內容的說明，認爲兩者意涵相當一致，因此，《毛詩序》的風格、形式、內容正是從竹簡〈詩論〉承襲而來。

　　劉如玲的碩論《〈孔子詩論〉與《詩序》之比較》認爲：

> 由〈孔子詩論〉、《詩序》兩者在形式、內容之比較，可見先秦兩漢《詩》學演變之跡，兩者皆重視《詩》的教化功能。蓋〈孔子詩論〉深入《詩》文以議論式的文字論述詩義，……《詩序》以題解式的

〔註82〕據大陸學者曹建國、張玖青〈出土《詩》學簡帛材料研究綜述〉一文統計，在大陸地區，截至 2005 年 6 月，報紙上發表的《孔子詩論》研究論文 22 篇，期刊論文 211 篇，會議論文 97 篇，網路論文 119 篇，碩、博士論文 17 部，專著 7 部。此統計尚有遺漏，且較少涉及台、港及海外。此文收錄於《漢學研究通訊》104 期，2007 年 11 月，頁 14。

〔註83〕江林昌：〈由古文經學的淵源再論《詩論》與《毛詩序》的關係〉，《魯齊學刊》2002 年第 2 期，頁 102～103。

文字論述詩義，……整體而言，《詩序》對〈孔子詩論〉有所繼承和
推衍，《詩序》繼承孔子論《詩》的大方向，重視《詩》的教化功能，
藉此完成德禮的人生教育。〔註84〕

鄭玉姍碩論《《上博（一）‧孔子詩論》研究》，其結論處曰：

〈孔子詩論〉簡文中出現與今本可相對照之篇名及論《詩》之文字
共五十八篇。其中五篇因簡文殘缺，而不知是否相合。……全文中
只有四篇（〈采葛〉、〈隰有萇楚〉、〈揚之水〉、〈黃鳥〉）完全無法與
今傳《詩》相合。其它四十九篇皆可與今本《詩序》相合、或兩
者剛好持正反立說著（對象相同，但一美一刺）。長久以來，多有疑
古派學者懷疑《詩序》的可信度，然由〈孔子詩論〉中所保留的戰
國詩論看來，今傳《詩序》內容可信度極高，未可輕易偏廢。〔註85〕

　　藉著新出土的文獻，吾人得以「以古還古」，從時代相近的古籍資料作多
方的比對，實有助於釐清事實。從前人研究的成果中發現，〈孔子詩論〉與《詩
序》確有相通的特質，《詩序》是承續〈詩論〉而來，皆具政教功能，因此，
〈詩論〉對《詩序》的政教質性具有證成的作用。

〔註84〕劉如玲：《〈孔子詩論〉與《詩序》之比較》（新竹：玄奘大學中國語文學系碩
　　　　士論文，2005年），頁137～138。
〔註85〕鄭玉姍：《《上博（一）‧孔子詩論》研究》（台北：國立臺灣師範大學國文研
　　　　究所碩士論文，2003年），頁341。

第四章 《左傳》賦詩與《詩序》之關聯

第一節 「賦詩」的界定

　　春秋賦詩的形式，歷來意見分歧，主要看法有三：賦詩即歌詩、賦詩即誦詩、賦詩即歌詩即誦詩。

一、賦詩即歌詩

　　所謂「歌」，是按某詩的曲調歌唱其詞，一種是由樂工演奏器樂歌唱，一種是其人親自歌唱，間有器樂的伴奏或徒歌。

　　根據《左傳》文公四年：

> 衛甯武子來聘，公與之宴，爲賦〈湛露〉及〈彤弓〉。不辭，又不答賦。使行人私焉。對曰：「臣以爲肄業及之也。」〔註1〕

甯武子故意把魯文公爲他賦的歌當作樂工練習，由此可知「爲賦〈湛露〉及〈彤弓〉」的「爲賦」，都是樂工歌詩奏樂，且在正式隆重的享宴中進行。

　　又據《國語・魯語下》記載敬姜賦〈綠衣〉之三章曰：

> 公父文伯之母欲室文伯，饗其宗老，而爲賦《綠衣》之三章。老請守龜卜室之族。師亥聞之曰：「善哉！男女之饗，不及宗臣；宗室之謀，不過宗人。謀而不犯，微而昭矣。詩所以合意，歌所以詠詩也。今詩以合室，歌以詠之，度於法矣。」〔註2〕

〔註1〕晉・杜預注，唐・孔穎達等正義：《春秋左傳正義》，頁306。
〔註2〕左丘明著，韋昭注：《國語・魯語下》，頁210。

公父文伯之母（敬姜）爲賦〈綠衣〉之三章，師亥聞之曰：「今詩以合室，歌以詠之」，此處賦詩當是歌詩。

二、賦詩即誦詩

所謂「誦」，班固《漢書・藝文志》言：

> 傳曰：不歌而誦謂之賦，登高能賦，可以爲大夫。〔註3〕

《左傳》隱公三年：「衛人所爲賦〈碩人〉也」，《正義》疏解曰：

> 此賦謂自作詩也。班固曰：「不歌而頌亦曰賦。」鄭玄云：「賦者，或造篇，或誦古。」然則賦有二義：此與閔二年鄭人賦〈清人〉、許穆夫人賦〈載馳〉，皆初造篇也。其餘言賦者則皆誦古詩也。〔註4〕

范文瀾注《文心雕龍・詮賦》依附之：

> 春秋列國外聘，賓主多賦《詩》言志，蓋隨時口誦，不待樂奏也。〔註5〕

因此，誦詩與歌詩不同，形式上接近於「徒歌」，長聲吟詠，「口誦歌樂之篇，不以琴瑟」。〔註6〕

三、賦詩即歌詩即誦詩

顧頡剛〈論《詩經》所錄全爲樂歌〉一文，認爲賦詩是由樂工歌唱入樂之詩，且「歌」即是「誦」，「歌」、「誦」可互文。

如〈小雅・節南山〉「家父作誦」、〈大雅・烝民〉「吉甫作誦」、〈小雅・四月〉「君子作歌」等，「歌」、「誦」並無差別；又如《左傳》襄公十四年：「公使歌之，遂誦之」，此皆以賦爲「歌」爲「誦」之例。

然而，若詳加考析顧頡剛的說法，可以發現歌詩和誦詩在形式上其實是有區別的，《墨子・公孟》記載：

> 誦《詩》三百，弦《詩》三百，歌《詩》三百，舞《詩》三百。〔註7〕

〔註3〕 漢・班固撰，唐・顏師古注，楊家駱主編：《漢書・藝文志第十》，卷30，頁1755。

〔註4〕 晉・杜預注，唐・孔穎達等正義：《春秋左傳正義》，卷3，頁53。

〔註5〕 范文瀾：《文心雕龍注・詮賦》（台北：台灣開明書店，1993年），頁48。

〔註6〕 漢・鄭玄注，唐・孔穎達等注疏：《禮記・文王世子》（台北：藝文印書館，1955年），卷20，頁393。

〔註7〕 清・孫詒讓著，孫以楷點校：《墨子閒詁・公孟》（台北：華正書局，1987年），

又〈鄭風・子衿〉毛傳曰：

> 古者教以詩樂，誦之、弦之、歌之、舞之。〔註8〕

「誦」與「歌」分別言之，可見二者非屬同一活動，因此，歌詩是在重要的享宴場合上，由專門的樂隊（「使工爲之歌」）配合歌工歌唱，強調其音樂性，而誦詩則與徒歌相似，逕自吟詠，接近於言語，比歌詩更明白易曉。從《左傳》襄公二十七年：

> 叔孫與慶封食，不敬。爲賦〈相鼠〉，亦不知也。〔註9〕

襄公二十八年：

> 叔孫穆子食慶封，慶封氾祭。穆子不說，使工爲之誦〈茅鴟〉，亦不知。〔註10〕

慶封無禮，魯人第一次歌詩諷刺他，可惜他不懂，第二次魯人降低難度直接誦詩諷刺，可惜慶封又不知。由這兩事件，可看出歌詩與誦詩之間的差異。

　　既然如此，那麼，究竟賦詩是歌詩？是誦詩？抑或二者兼而有之呢？對於這樣的問題，其實大可不必強加作出一個界定，僅針對「賦」字意義作探討而將「賦詩」意涵狹隘化了。

　　學者周泉根的觀點頗值得吾人參考，他認爲：

> 由正式典禮場合、題目固定、樂舞伴奏的程式化樂工歌《詩》，到正式典禮之外、自由發揮、樂器伴奏的樂工歌《詩》，再到自己即興歌《詩》，再依次到徒歌、誦《詩》、言語引《詩》。……這種演變是適應禮樂文明興盛與衰落的歷史發展的結果。〔註11〕

　　歌詩、誦詩都是伴隨西周初年以至春秋時期歷史情境發展的產物，亦是賦詩活動的過程之一。從時空的觀照點俯察春秋時期國與國間的揖讓周旋，賦詩言志的場景更顯得熱絡頻繁，而賦詩的得體與否，正是各國通往外交成敗的重要鎖鑰。而根據筆者的研究，外交場合的賦詩言志情況多和政治盟會、國家權力展現有關。若進一步對當時各國國君、大臣或有政治影響力的權貴等的賦詩活動作統計，如下表所示：

　　卷12，頁418。

〔註8〕漢・鄭玄箋，唐・孔穎達等正義：《毛詩正義》，頁179。

〔註9〕晉・杜預注，唐・孔穎達等正義：《春秋左傳正義》，卷34，頁643。

〔註10〕晉・杜預注，唐・孔穎達等正義：《春秋左傳正義》，卷34，頁655。

〔註11〕周泉根：〈從春秋賦《詩》的多種解釋看《詩》的實用化軌跡——兼論賦《詩》的歷史實質〉，《中國文化研究》（2004年秋之卷），頁118。

【賦詩統計表】

世次\國別	隱	桓	莊	閔	僖	文	宣	成	襄	昭	定	總計
衛	1(1)			1(1)					1(1)	1(1)		4(4)
鄭	1(1)			1(1)		2(2)			9(9)	7(7)		20(20)
晉					2(2)	2(2)			4(9)	6(6)		14(19)
秦					1(1)	1(1)					1(1)	3(3)
魯						4(5)		2(2)	11(13)	8(8)		25(28)
戎									1(1)			1(1)
齊										2(2)		2(2)
楚									1(1)	2(2)		3(3)
邾										1(1)		1(1)
宋										1(1)		1(1)
事次	2			2	3	9		2	29	26	1	74
詩次	(2)			(2)	(3)	(10)		(2)	(36)	(26)	(1)	(80)

從「賦詩統計表」中可觀察出幾個面向：

其一，春秋時代，從隱公、桓公、莊公直至定公，賦詩活動總計 74 次，所賦之詩共 80 篇，遍及衛、鄭、晉、秦、魯、戎、齊、楚、邾、宋等國家。

其二，以國別而論，賦詩活動最頻繁者，依次序爲魯國第一，佔 25 次，所賦詩數爲 28 篇；其次爲鄭國，佔 20 次，所賦詩數爲 20 篇；第三爲晉國，佔 14 次，所賦詩數爲 19 篇。三者佔總次數（74 次）的 79.7%，總篇數（80 篇）的 83.8%。

其三，以世序而論，賦詩活動多在襄公、昭公之時，襄公時佔 29 次，昭公時 26 次，兩者佔總次數（74 次）的 74.3%。

由這麼頻繁的賦詩活動來看，賦詩本身其實已成爲一種正式的語言溝通儀節，或者是政治意義上慣例的建立，因此，這樣的慣例必有一套常模、原則方法可尋。所以，爲了深一層瞭解賦詩儀節的進行，這將於下一節「賦詩言志方法」來說明。

第二節 賦詩言志方法

諸侯宴禮賦詩，一則爲典禮必備節目的「正歌」，一則依賓主對話情境需求所賦之詩，即賦詩言志。

一、正歌 (例賦)

《儀禮》中的〈鄉飲酒禮〉、〈燕禮〉、〈鄉射禮〉、〈大射禮〉以及《禮記》中的〈射禮〉、〈投壺〉等篇章，都保持著春秋時期朝聘享宴樂工歌詩的儀節。如《儀禮‧燕禮》載：

> 席工於西階上，少東。樂正先升，北面，立於其西。小臣納工，工四人，二瑟。小臣左何瑟，面鼓，執越，内弦右手。相入，升自西階，北面，東上，坐。小臣坐，授瑟乃降。工歌〈鹿鳴〉、〈四牡〉、〈皇皇者華〉。……笙入，立於縣中，奏〈南陔〉、〈白華〉、〈華黍〉。……乃間歌〈魚麗〉，笙〈由庚〉；歌〈南有嘉魚〉，笙〈崇丘〉；歌〈南山有台〉，笙〈由儀〉。遂歌鄉樂：〈周南〉——〈關雎〉、〈葛覃〉、〈卷耳〉，〈召南〉——〈鵲巢〉、〈采蘩〉、〈采蘋〉。大師告於樂正曰：「正歌備。」〔註12〕

正歌分四部分：〔註13〕

其一，以瑟爲主伴奏，歌〈鹿鳴〉，〈四牡〉，〈皇皇者華〉三篇，依《詩序》之內容，意取燕群臣嘉賓、〔註14〕勞使臣之來、〔註15〕及君遣使臣，送之以禮樂，言遠而有光華也。〔註16〕

其二，以笙奏〈南陔〉、〈白華〉、〈華黍〉。《詩序》云：「〈南陔〉，孝子相戒以養也。〈白華〉，孝子之絜白也。〈華黍〉，時和歲豐，宜黍稷也。」有其義而亡其辭。

〔註12〕 漢‧鄭玄注，唐‧賈公彥疏：《儀禮注疏‧燕禮》（台北：藝文印書館，1955年），卷15，頁173。

〔註13〕 參見楊向時：《左傳賦詩引詩考》（台北：中華叢書編審委員會，1972年），頁4～9。

〔註14〕 〈小雅‧鹿鳴‧序〉云：「〈鹿鳴〉，燕群臣嘉賓也。既飲食之，又實幣帛筐篚，以將其厚意，然後忠臣嘉賓，得盡其心矣。」

〔註15〕 〈小雅‧四牡‧序〉云：「〈四牡〉，勞使臣之來也。有功而見知則說矣。」

〔註16〕 〈小雅‧皇皇者華‧序〉云：「〈皇皇者華〉，君遣使臣也。送之以禮樂，言遠而有光華也。」

其三，一歌一吹之「間歌」。歌〈魚麗〉〔註17〕而笙〈由庚〉；〔註18〕歌〈南有嘉魚〉〔註19〕而笙〈崇丘〉；〔註20〕歌〈南山有台〉〔註21〕而笙〈由儀〉。〔註22〕

其四，歌鄉樂〈周南〉──〈關雎〉、〔註23〕〈葛覃〉、〔註24〕〈卷耳〉。〔註25〕〈召南〉──〈鵲巢〉、〔註26〕〈采蘩〉、〔註27〕〈采蘋〉。〔註28〕

正歌結束，正式典禮乃完備。而《左傳》對於正歌的記載並不詳賅，主要在於正歌是典禮所必備，因此無須特意記述之。

二、賦詩言志

《漢書‧藝文志》曰：

> 古者諸侯卿大夫交接鄰國，以微言相感，當揖讓之時，必稱詩以諭
> 其志，蓋以別賢不肖而觀盛衰焉。〔註29〕

〔註17〕〈小雅‧魚麗‧序〉云：「〈魚麗〉，美萬物盛多，能備禮也。文武以天保以上治內，采薇以下治外，始於憂勤，終於逸樂，故美萬物盛多，可以告於神明矣。」

〔註18〕〈小雅‧由庚‧序〉云：「〈由庚〉，萬物得由其道也。有其義而亡其辭。」

〔註19〕〈小雅‧南有嘉魚‧序〉云：「〈南有嘉魚〉，樂與賢也。太平君子至誠，樂與賢者共之也。」

〔註20〕〈小雅‧崇丘‧序〉云：「〈崇丘〉，萬物得極其高大也。有其義而亡其辭。」

〔註21〕〈小雅‧南山有台‧序〉云：「〈南山有台〉，樂得賢也。得賢則能為邦家立太平之基矣。」

〔註22〕〈小雅‧由儀‧序〉云：「〈由儀〉，萬物之生，各得其宜也。有其義而亡其辭。」

〔註23〕〈周南‧關雎‧序〉云：「〈關雎〉，后妃之德也，風之始也，所以風天下而正夫婦也，故用之鄉人焉，用之邦國焉。……是以關雎樂得淑女以配君子，愛在進賢，不淫其色，哀窈窕，思賢才，而無傷善之心焉。是關雎之義也。」

〔註24〕〈周南‧葛覃‧序〉云：「〈葛覃〉，后妃之本也。后妃在父母家則志在於女功之事，躬儉節用，服澣濯之衣，尊敬師傅，則可以歸安父母，化天下以婦道也。」

〔註25〕〈周南‧卷耳‧序〉云：「〈卷耳〉，后妃之志也。又當輔佐君子，求賢審官，知臣下之勤勞，內有進賢之志，而無險詖私謁之心，朝夕思念，至於憂勤也。」

〔註26〕〈召南‧鵲巢‧序〉云：「〈鵲巢〉，夫人之德也。國君積行累功以致爵位，夫人起家而居有之，德如鳲鳩，乃可以配焉。」

〔註27〕〈召南‧采蘩‧序〉云：「〈采蘩〉，夫人不失職也。夫人可以奉祭祀，則不失職矣。」

〔註28〕〈召南‧采蘋‧序〉云：「〈采蘋〉，大夫妻能循法度也。能循法度，則可以承先祖共祭祀矣。」

〔註29〕漢‧班固撰，唐‧顏師古注，楊家駱主編：《漢書‧藝文志》，卷30，頁1755

春秋時期，在重要的聘問、宴享等交際場合，諸侯及公卿大夫常以賦詩來表情達意。而在此須強調的是，所謂的言「志」，並非指個人情感的傾訴，而是關乎國際時勢、不離政治之用。因此，賦詩之人，除了各國君王之外，多數爲身居要職的貴族階級。〔註30〕

　　《詩》作爲表達意見、表明態度及傳達訊息的一種特有方式，其功能所含括的層面相當廣泛，或頌祝讚美、表達友好，或請求協助，或諷諫警告，皆藉著《詩》的政治教化內容來達到溝通交流的目的。

　　在賦詩的當下，既然《詩》已成爲賦詩雙方溝通想法的一種媒介，毋須再由賦詩者贅言說明所取的詩句或詩意爲何，那麼，《詩》篇本身，必定已具備爲眾人所公認的意涵，在賦詩的過程中，才得以一律地運用，輕易地被表達與接受，否則，若每個人對《詩》的理解不同，勢必造成紊亂。而就《詩》被運用的政治外交場合來看，《詩》本身所隱含的政教內涵是顯而易知的。《禮記·仲尼燕居》云：「志之所至，詩亦至焉，詩之所至，禮亦至焉。」〔註31〕《詩》是周朝禮樂文化下醞釀出來的豐碩資產，因此，賦詩活動，也可說是一重要的禮樂教化活動。

　　賦詩言志的方法，一曰就詩取喻，一曰斷章取義。

（一）就詩取喻

　　賦詩時，依場景情境及賦詩者志趣的需求，擇取適切的詩篇作爲喻體，賦詩者之心志與所賦詩之間有微妙的相類之處，而藉詩作委婉的表達。

　　如《左傳》襄公十九年：

> 季武子如晉拜師，晉侯享之。范宣子爲政，賦〈黍苗〉，季武子興，再拜稽首曰：「小國之仰大國也，如百穀之仰膏雨焉。若常膏之，其天下輯睦，豈唯敝邑。」賦〈六月〉。〔註32〕

〔註30〕依學者張素卿之整理：以賦詩的人物而言，晉有重耳、襄公、悼公、荀林父、范宣子、平公、趙文子及韓宣子，除重耳、襄公、悼公、平公貴爲君主之外，其餘皆卿：代表魯國賦詩的人物，君侯有文公、襄公及昭公，卿則有季文子、叔孫穆子、季武子、季平子與叔孫昭子，都是掌握國政的世卿：鄭國有子家、子展、子皮等執政大夫賦詩：秦國有穆公、哀公：衛國有獻公、甯武子、北宮文子：齊國有國景子、慶封等等，皆位居要津而舉足輕重。參見張素卿：《左傳稱詩研究》（台北：國立台灣大學出版委員會，1991年），頁80～81。

〔註31〕漢·鄭玄注，唐·孔穎達等注疏：《禮記·仲尼燕居》，卷51，頁860。

〔註32〕晉·杜預注，唐·孔穎達等正義：《春秋左傳正義》，卷34，頁585。

〈小雅‧黍苗‧序〉云：「〈黍苗〉，刺幽王也。不能膏潤天下，卿士不能行召伯之職焉。」〔註33〕此詩意在刺幽王的暴虐，而輔佐的大臣為虎作倀；也讚美召伯能勞來諸侯，如陰雨之使黍苗成長。

此時季武子前往晉國拜謝晉國派兵幫助討伐齊國，晉范宣子賦〈黍苗〉以稱誇晉出兵的功勞，並以召伯比喻晉君讚美之。杜預注：「〈黍苗〉，詩小雅。美召伯勞來諸侯，如陰雨之長黍苗也。喻晉君憂勞魯國如召伯。」〔註34〕而季武子賦〈六月〉表示謝意，並以尹吉甫喻晉侯頌美之。杜預注：「〈六月〉，尹吉甫佐天子征伐之詩，以晉侯比吉甫出征以匡王國。」〔註35〕

《左傳》賦詩，就詩取喻的例子並不僅於此，其餘則留待後文再進行說明。

（二）斷章取義

《左傳》賦詩斷章的特色，歷代以至今日的學者，都普遍認同接受。在闡釋《左傳》中的賦詩、引詩時，也多據「斷章取義」的觀點來解釋論述。

「賦詩斷章」一詞源自於《左傳》襄公二十八年：

> 癸臣子之，有寵，妻之。慶舍之士謂盧蒲癸曰：「男女辨姓，子不辟宗，何也？」曰：「宗不余辟，余獨焉辟之？賦詩斷章，余取所求焉，惡識宗？」〔註36〕

杜預注：「言己苟欲有求於慶氏，不得復顧禮，譬如賦詩者，取其一章而已。」〔註37〕按周代禮法，同屬姜姓的慶氏及盧蒲氏是不得同姓而聯姻的。然而，盧蒲癸有求於慶氏，因此不顧禮法娶慶舍的女兒為妻，並引賦詩斷章之事來自我辯解。後世學者多準此明文記載對「賦詩斷章」作更一步的闡釋。如南宋呂祖謙《東萊左氏博議》卷十三曰：

> 蓋嘗觀春秋之時，列國朝聘，皆賦詩以相命，詩因於事，不遷事而就詩；事寓於詩，不遷詩而就事。意傳於肯綮毫釐之中，跡略於牝牡驪黃之外。斷章取義，可以神遇，而不可以言求，區區陋儒之義例訓詁，至是皆敗。春秋之時，善用詩蓋如此。〔註38〕

〔註33〕漢‧鄭玄箋，唐‧孔穎達等正義：《毛詩正義》，頁513。
〔註34〕晉‧杜預注，唐‧孔穎達等正義：《春秋左傳正義》，卷34，頁585。
〔註35〕晉‧杜預注，唐‧孔穎達等正義：《春秋左傳正義》，卷34，頁585。
〔註36〕晉‧杜預注，唐‧孔穎達等正義：《春秋左傳正義》，卷38，頁654。
〔註37〕晉‧杜預注，唐‧孔穎達等正義：《春秋左傳正義》，卷38，頁654。
〔註38〕李振興、簡宗梧注譯：《東萊左氏博議‧晉文公秦穆公賦詩》（台北：三民書

明代何良俊《四友齋叢說》卷二遍舉《左傳》用詩諸例曰：

> 《左傳》用《詩》，茍於義有合，不必盡依本旨，蓋即所謂引伸觸類者也。〔註39〕

清代勞孝輿《春秋詩話》卷之一曰：

> 古人所作，今人可援爲己詩；彼人之詩，此人可廣爲自作，期於言志而止。人無定詩，詩無定指。以故，可名不名，不作而作也。〔註40〕

學者奚敏芳《左傳賦詩引詩之研究》云：

> 春秋賦詩，意在藉古人之詩辭，抒己之胸臆，事寓於詩，而不遷詩以就事，故或就詩代言，或就詩取喻，或斷章取義，全因賦詩者之所需而用詩，而毋須顧及作詩者之本意。〔註41〕

學者張素卿《左傳稱詩研究》云：

> 所謂「賦詩斷章」，基本上便指賦詩取義不必同於原詩的宗旨而言。
> 〔註42〕

又言：

> 全篇詩句其實也是暫時脫離了原有的詩旨、詩境，轉而融入賦詩情境之中──詩中人物移擬爲賦詩場合中的人物，詩中事件也被抽象化以便用來喻指當前具體的情事。全詩原有的架構、佈局、指涉對象，甚至於美刺褒貶等可能有的價值判斷都暫時虛化，而由賦詩雙方因當情勢、彼此關係等周緣因素，重新決定詩義的取向。〔註43〕

　　綜觀以上學者的說法，對於「斷章取義」，可歸納出兩個要點：第一，賦詩時，不一定取全詩爲用，可依場合情境需要，截取一至數句或詩的某一或某幾章。第二，賦詩者依本身的需要，可重新決定詩義的取向，有時無須顧及詩篇的原意。關於第一點說法，目前已成爲一個定論，殆無疑議。然而，第二點「賦詩無須顧及詩篇原義」此說法及其衍生的問題，則值得深一層去探究，也是本文所關注、亟欲解決的問題。

　　　　局，1991年），頁517。

〔註39〕明‧何良俊：《四友齋叢說》（北京：中華書局，1997年），卷2，頁12。

〔註40〕清‧勞孝輿：《春秋詩話》（北京：中華書局，1985年），卷之一，頁1。

〔註41〕奚敏芳：《左傳賦詩引詩之研究》（台北：台灣師範大學中文研究所碩士論文，1982年），頁19。

〔註42〕張素卿：《左傳稱詩研究》，頁108。

〔註43〕張素卿：《左傳稱詩研究》，頁108～109。

　　《詩序》的內容即在於闡發《詩經》的微言大義，因此，所謂的「《詩》本義」正具備了《詩》在周代編定之初所賦予的教諭美刺內涵，《詩》並非藉以抒發情感的文學載體。因此，若從這個觀照點出發，重新檢視《左傳》的賦詩甚至是引詩，就會驚喜地發現，不少的賦詩、引詩並非偏離《詩序》所載的史實，而且是扣緊史實，利用《詩》「比」或「興」的方法來融入賦詩、引詩的情境之中。「比」的「明喻」性質較明顯可為人確知；「興」的「隱喻」性質在周朝亦是明顯為當時人熟知運用的，只是時移境遷，「興」的隱喻性質趨於隱晦，後人在解釋時才誤以為賦詩、引詩毋須顧及《詩》篇原意。而其影響所及，從唐代以至南宋朱熹，認為《詩序》之說乃是穿鑿附會史實，迄於今日，仍有部分學者認為《詩序》是依《左傳》記載為說，如曾勤良先生認為《左傳》隱公三年衛人賦〈碩人〉閔莊姜美而無子。細讀〈碩人〉整首詩，乃為美莊姜而作，實無閔莊姜之義，然而《詩序》言：「碩人，閔莊姜也。莊公惑於嬖妾，使驕上僭，莊姜賢而不答，終以無子，國人閔而憂之。」因此曾勤良先生下一結論：《詩序》之內容，常依《左傳》為說，故常與《左傳》合，是後人不察而致疑者也。〔註44〕

　　以下三、四、五、六節即針對《左傳》中的賦詩，將之區分為四大面向：其一，《左傳》真實反應歷史事件，與《詩序》所載相同；其二，《左傳》賦詩用了《詩》本義；其三，《左傳》賦詩用了《詩》的引申義；其四，《左傳》賦詩者自己斷章取義，用了自創意。並依時間年代順序，先引《左傳》賦詩的記載，再引《詩序》內容，而後統合探討、判定兩者之間的關聯性。如此一來，綱舉目張，主題更顯明確。

第三節　《左傳》真實反應歷史事件，與《詩序》所載相同

一、隱公三年

　　　衛莊公娶于齊東宮得臣之妹，曰莊姜。美而無子，衛人所為賦〈碩人〉也。又娶于陳，曰厲媯，生孝伯，早死。其娣戴媯，生桓公，

〔註44〕曾勤良：《左傳引詩賦詩之詩教研究》（台北：文津出版社，1993年），頁44～45。

莊姜以爲己子。〔註45〕

《左傳》本文，衛莊公娶齊國太子得臣的妹妹，名曰莊姜。莊姜雖長得美麗，只可惜沒有生兒子，於是衛人爲她創作〈碩人〉此詩。

〈碩人〉一詩，〈毛序〉說：「碩人，閔莊姜也。莊公惑於嬖妾，使驕上僭。莊姜賢而不荅，終以無子，國人閔而憂之。」〔註46〕閔莊姜的說法，從《左傳》、〈毛序〉以迄朱熹、嚴粲，均無異議。然而近代學者如方玉潤、姚際恆、屈萬里、王靜芝等，都直接就詩文解詩，認爲是頌美莊姜之作。胡承珙曰：

> 〈序〉云閔莊姜者，自有《左傳》可證。且〈序〉以「閔」言者七
> 篇，如〈君子揚揚〉之「閔周」，〈揚之水〉之「閔無臣」，詩中皆不
> 見其意，而〈序〉能言之，其必有所受之矣。〔註47〕

王禮卿教授考查〈毛序〉、魯說《列女傳》、齊說《易林》的記載，歸結曰：

> 傅母於莊姜初嫁時賦之以規諫，其本義也。蓋原其始事爲言，魯說
> 得之。逮後不荅於莊公，終以其子，衛人憂其賢而無子，故誦當日
> 傅母之作，申爲閔憂之詞，其引申義也。蓋要其終事而言，毛齊說
> 得之。……本義詩意婉而隱，國人但誦古盛詠其美，傅之以閔憂之
> 義，自能意餘詞外，而成引申之篇。〔註48〕

綜上所述，或言《詩序》內容依《左傳》爲說，自是不攻自破，《左傳》衛人賦〈碩人〉，是眞實反應歷史事件，與《詩序》所載相同，而閔姜之義是爲「引申義」。

二、閔公二年

> 初，惠公之即位也少，齊人使昭伯烝於宣姜，不可，強之。生齊子、
> 戴公、文公、宋桓夫人、許穆夫人。文公爲衛之多患也，先適齊。及
> 敗，宋桓公逆諸河，宵濟。衛之遺民男女七百有三十人，益之以共、
> 滕之民爲五千人。立戴公以廬于曹。許穆夫人賦〈載馳〉。齊侯使公

〔註45〕晉・杜預注，唐・孔穎達等正義：《春秋左傳正義》，頁53。
〔註46〕漢・鄭玄箋，唐・孔穎達等正義：《毛詩正義》，頁129。
〔註47〕清・胡承珙：《毛詩後箋・衛風・碩人》，收入《續修四庫全書》（上海：上海古籍出版社，1995年），經部，詩類，卷5，頁145。
〔註48〕王禮卿：《四家詩恉會歸》，頁538。

子無虧帥車三百乘、甲士三千人以戍曹。歸公乘馬，祭服五稱，牛、羊、豕、雞、狗皆三百與門材。歸夫人魚軒，重錦三十兩。〔註49〕

《左傳》本文，衛國被狄人滅亡以後，殘餘民眾在曹邑立公子申爲國君，是爲戴公。許穆夫人爲此作了〈載馳〉一詩。

〈載馳〉一詩，〈毛序〉言：「載馳，許穆夫人作也。閔其宗國顛覆，自傷不能救也。衛懿公爲狄人所滅，國人分散，露於漕邑。許穆夫人閔衛之亡，傷許之小，力不能救，思歸唁其兄，又義不得，故賦是詩也。」〔註50〕是許穆夫人閔其宗國顛覆，弔唁衛侯失國之作。《左傳》及《詩序》都有這段歷史的記載。然而學者多認爲《詩序》是依《左傳》來說詩，如學者曾勤良謂：「《詩序》所說與《左傳》合，顯係依《左傳》說詩。」〔註51〕

但若從三家詩的記載來看，《魯》說《列女傳》追述衛懿公不聽勸告，堅持將女兒許穆夫人嫁給小而遠的許國，卻不嫁給大而近的齊國的不智之舉，意在「疾衛」也；《齊》說《易林・比之家人》謂衛「懿公淺愚，不深受諫，無援失國，爲狄所滅。」〔註52〕《韓》說《韓詩外傳二》所云嫁娶非己所自親，而稱其挾權。〔註53〕三家詩都是申明「疾衛」之義，而《毛詩序》則側重於唁衛之事，詩之要旨爲「閔衛」。雖然各有偏重，但由此亦可得知四家詩恉並無差異，都是詩的本義，合而觀之，更能掌握詩的歷史背景，詩義也因之更加完備。換言之，《毛詩序》係依當時時局記錄下《詩》的寫作背景，並非如批評者所言的「附會史實」、「依《左傳》說詩」。《左傳》記載許穆夫人賦〈載馳〉，是真實反應歷史事件，與《詩序》所載相同。

三、閔公二年

鄭人惡高克，使帥師次于河上，久而弗召，師潰而歸，高克奔陳。

鄭人爲之賦〈清人〉。〔註54〕

《左傳》本文，鄭國人討厭高克，派他率領軍隊駐紮黃河邊，很久都不召他回國。之後軍隊潰散逃歸，高克則逃奔陳國。因此鄭國人賦〈清人〉這

〔註49〕晉・杜預注，唐・孔穎達等正義：《春秋左傳正義》，卷11，頁191～192。
〔註50〕漢・鄭玄箋，唐・孔穎達等正義：《毛詩正義》，頁124～125。
〔註51〕曾勤良：《左傳賦詩引詩之詩教研究》，頁61。
〔註52〕漢・焦延壽撰：《焦氏易林・比之家人》，卷1，頁36。
〔註53〕王禮卿：《四家詩恉會歸》，頁509。
〔註54〕晉・杜預注，唐・孔穎達等正義：《春秋左傳正義》，卷11，頁192。

首詩。

〈清人〉一詩，〈毛序〉言：「清人，刺文公也。高克好利而不顧其君，文公惡而欲遠之，不能；使高克將兵而禦狄于竟。陳其師旅，翱翔河上，久而不召，眾散而歸。高克奔陳，公子素惡高克進之不以禮，文公退之不以道，危國亡師之本，故作是詩也。」〔註55〕以此為刺文公惡高克，卻退之不以其道，危國亡師之作。《齊》說《易林·師之睽》也說「清人高子，久屯外野，逍遙不歸，思我慈母」，〔註56〕毛、齊之說皆與《春秋》、《左傳》相合，是為詩本義也。而曾勤良先生謂《詩序》比附傳文以為說解，〔註57〕非也！

而從詩文觀之，「陳其師旅，翱翔河上」，卻無一字提及文公，所謂「刺文公」者，何也？蘇轍云：

> 鄭文公惡高克之為人，使將兵而禦狄於河上，久而不召，師潰而歸，高克奔陳。鄭之所惡者高克也，而幷不反其眾，則是棄其師也。〔註58〕

胡安國也說：

> 使高克不臣之罪已著，案而誅之可也；情狀未明，黜而退之可也；愛惜其才，以禮馭之亦可也。烏可假以兵權，委諸竟上，坐視其離散而莫之恤乎？《春秋》書曰：「鄭棄其師。」其責之深矣。〔註59〕

因此，王禮卿教授說：「詩賦高克，而意刺文公，言在此而意在彼，是亦主文譎諫之詞也。」〔註60〕《左傳》鄭國人賦〈清人〉，是真實反應歷史事件，與《詩序》所載相同。

四、文公六年

> 秦伯任好卒，以子車氏之三子奄息、仲行、鍼虎為殉，皆秦之良也。國人哀之，為之賦〈黃鳥〉。君子曰：「秦穆之不為盟主也宜哉！死而棄民。先王違世，猶詒之法，而況奪之善人乎？《詩》曰：『人之

〔註55〕漢·鄭玄箋，唐·孔穎達等正義：《毛詩正義》，頁164。
〔註56〕漢·焦延壽撰：《焦氏易林·師之睽》，卷1，頁32。
〔註57〕曾勤良：《左傳賦詩引詩之詩教研究》，頁63。
〔註58〕宋·蘇轍：《春秋集解》（北京：中華書局，1985年），卷4，頁41。
〔註59〕宋·胡安國：《春秋胡氏傳·鄭棄其師》，收入《四部叢刊續編》（上海：上海書店，1984年），卷10，頁4～5。
〔註60〕王禮卿：《四家詩恉會歸》，頁639。

云亡，邦國殄瘁。』無善人之謂，若之何奪之？〔註61〕

《左傳》本文，秦穆公去世，用秦國三位傑出的人奄息、仲行、鍼虎殉葬。國人爲此哀痛並爲他們作了〈黃鳥〉這首詩。

〈黃鳥〉一詩，〈毛序〉言：「黃鳥，哀三良也。國人刺穆公以人從死，而作是詩也。」〔註62〕《史記・秦本紀》亦記載：

> 繆公卒，葬雍，從死者百七十七人。秦之良臣，子輿氏三人，名曰奄息、仲行、鍼虎，亦在從死之中，秦人哀之，爲作歌〈黃鳥〉之詩。〔註63〕

《左傳》此處所記，正眞實反映歷史事件，是爲詩之本事。

第四節　《左傳》賦詩用了《詩》本義

一、文公四年

> 衛甯武子來聘，公與之宴，爲賦〈湛露〉及〈彤弓〉。不辭，又不答賦。使行人私焉。對曰：「臣以爲肄業及之也。昔諸侯朝正於王，王宴樂之，於是乎賦〈湛露〉，則天子當陽，諸侯用命也。諸侯敵王所愾，而獻其功，王於是乎賜之彤弓一、彤矢百、旅弓矢千，以覺報宴。今陪臣來繼舊好，君辱貺之，其敢干大禮以自取戾？」〔註64〕

《左傳》本文，衛國卿大夫甯武子到魯國聘問，魯文公設宴款待，並賦〈湛露〉、〈彤弓〉這兩首詩。甯武子不答謝，也不答覆，於是文公派使臣私下探問。甯武子佯裝以爲只是國君在練習誦《詩》，並說明天子設宴款待諸侯才朗誦〈湛露〉，誦〈彤弓〉用以表彰諸侯的功勞，自己身爲陪臣則不敢觸犯宴樂大禮來自取罪過。

〈湛露〉一詩，〈毛序〉言：「湛露，天子燕諸侯也。」〔註65〕〈彤弓〉一詩，〈毛序〉言：「彤弓，天子錫有功諸侯也。」〔註66〕《詩序》與《左傳》

〔註61〕晉・杜預注，唐・孔穎達等正義：《春秋左傳正義》，卷19，頁313～314。

〔註62〕漢・鄭玄箋，唐・孔穎達等正義：《毛詩正義》，頁243。

〔註63〕漢・司馬遷著，瀧川龜太郎考證：《史記會注考證・秦本紀》，頁91～92。

〔註64〕晉・杜預注，唐・孔穎達等正義：《春秋左傳正義》，卷18，頁306～307。

〔註65〕漢・鄭玄箋，唐・孔穎達等正義：《毛詩正義》，頁350。

〔註66〕漢・鄭玄箋，唐・孔穎達等正義：《毛詩正義》，頁351。

之說相合。《左傳》甯武子明知魯文公賦〈湛露〉及〈彤弓〉自比爲天子接待諸侯的行爲是不合於禮的，卻假裝不知而以「肄業及之」當作託辭，孔子曾讚美他「邦有道則知，邦無道則愚；其知可及也，其愚不可及也。」〔註67〕甯武子「不辭，又不答賦」的用意，即在暗示魯文公失賦以欺衛，因此，甯武子之作法，實屬知禮而不失本分。而《左傳》此處賦詩，是取「詩本義」。

二、襄公二十七年

> 齊慶封來聘，其車美。孟孫謂叔孫曰：「慶季之車，不亦美乎？」叔孫曰：「豹聞之：『服美不稱，必以惡終。』美車何爲？」叔孫與慶封食，不敬，爲賦〈相鼠〉，亦不知也。〔註68〕

《左傳》本文，齊國慶封來魯國聘問，因慶封無禮不敬，魯叔孫豹賦〈相鼠〉譏刺他。

〈相鼠〉一詩，〈毛序〉言：「刺無禮也。衛文公能正其群臣而刺在位，承先君之化，無禮儀也。」詩中有「人而無儀，不死何爲？」、「人而無禮，胡不遄死？」《左傳》叔孫豹賦此，在譏刺慶封之無禮，必以惡終。此處賦詩，是爲「詩本義」。

三、昭公二十五年

> 二十五年，春，叔孫婼聘于宋，桐門右師見之。語卑宋大夫而賤司城氏。昭子告其人曰：「右師其亡乎！君子貴其身，而後能及人，是以有禮。今夫子卑其大夫而賤其宗，是賤其身也，能有禮乎？無禮，必亡。」宋公享昭子，賦〈新宮〉，昭子賦〈車轄〉。明日宴，飮酒，樂，宋公使昭子右座，語相泣也。樂祁佐，退而告人曰：「今茲君與叔孫其皆死乎！吾聞之：『哀樂而樂哀，皆喪心也。』心之精爽，是謂魂魄，魂魄去之，何以能久？」〔註69〕

《左傳》本文，魯國孫叔婼到宋國聘問，並且代替季平子去迎娶宋元公之女。宋元公設享禮招待並賦〈新宮〉，而叔孫婼賦〈車轄〉，表示思得賢女以配君子。

〔註67〕朱熹：《四書章句集注》，頁80。
〔註68〕晉・杜預注，唐・孔穎達等正義：《春秋左傳正義》，卷38，頁643。
〔註69〕晉・杜預注，唐・孔穎達等正義：《春秋左傳正義》，卷51，頁887～888。

〈新宮〉一詩，今本《詩經》並無此篇，是爲「逸詩」。《儀禮・燕禮》記載：「升歌〈鹿鳴〉，下管〈新宮〉，笙入三成。」〔註70〕《左傳・正義》曰：

> 〈燕禮〉記云：「升歌〈鹿鳴〉，下管〈新宮〉。」鄭玄云：「〈新宮〉，〈小雅〉逸詩也。其詩既逸，知是〈小雅〉篇者，管即笙也，以〈燕禮〉及〈鄉飲酒〉升歌笙歌同用〈小雅〉，知〈新宮〉必是〈小雅〉，但其辭義皆亡，無以知其意也。〔註71〕

由上所述，〈新宮〉在〈小雅〉應是沒有疑問的，只是其義爲何則不可得知。

〈車轄〉一詩，《毛詩》作〈車舝〉。《毛序》言：「車舝，大夫刺幽王也。褒姒嫉妒，無道並進，讒巧敗國，德澤不加於民。周人思得賢女以配君子，故作是詩也。」〔註72〕《左傳》孫叔婼賦此，取義思得賢女以配君子，表示將爲季平子來迎親。此處賦詩，是爲「詩本義」。

第五節　《左傳》賦詩用了《詩》的引申義

一、僖公二十三年

> 他日，公享之。子犯曰：「吾不如衰之文也，請使衰從。」公子賦〈河水〉，公賦〈六月〉。趙衰曰：「重耳拜賜。」公子降，拜，稽首，公降一級而辭焉。衰曰：「君稱所以佐天子者命重耳，重耳敢不拜？」
>
> 〔註73〕

《左傳》本文，晉公子重耳出亡在外十九年。在秦國時，秦穆公設宴款待重耳，晉子犯認爲自己不如趙衰善於外交辭令，因此建議由趙衰陪同赴宴。宴席當中，公子重耳賦〈河水〉，〔註74〕義取河水朝宗於海，表達將敬事秦。秦穆公賦〈六月〉，詩有「以匡王國」、「以佐天子」、「以定王國」等句，隱喻重耳必能復興晉國，並輔佐王室。

〔註70〕《儀禮・燕禮》，卷15，頁180。
〔註71〕晉・杜預注，唐・孔穎達等正義：《春秋左傳正義》，卷51，頁887。
〔註72〕漢・鄭玄箋，唐・孔穎達等正義：《毛詩正義》，頁484。
〔註73〕晉・杜預注，唐・孔穎達等正義：《春秋左傳正義》，卷15，頁253～254。
〔註74〕《國語》韋昭注：「河，當作沔，字相似誤也。其詩曰：『沔彼流水，朝宗于海。』言己反國當朝事秦。」而杜注：「河水，逸詩。義取河水朝宗於海，海喻秦。」此處雖有〈沔水〉、「逸詩」之爭議，然而以河、海爲喻的說法則屬一致。

〈河水〉一詩，《國語》章昭注以爲〈河水〉是〈小雅・沔水〉之誤，而杜注以爲是「逸詩」。本文採章昭之說。

〈沔水〉一詩，〈毛序〉言：「沔水，規宣王也。」〔註75〕宣王末年，讒言興起，諸侯懷有貳心，不復朝宗，因此詩人責下規上而作此詩。《左傳》重耳賦此，義取「沔彼流水，朝宗于海」二句，以河喻晉，以海喻秦，表示將敬事於秦。此處賦詩，是取「引申義」。

〈六月〉一詩，〈毛序〉言：「六月，宣王北伐也。」〔註76〕是爲宣王命尹吉甫北伐玁狁，稱詠其功勞、安定王室之詩。《左傳》秦穆公賦此，杜注曰：「道尹吉甫佐宣王征伐，喻公子還晉，必能匡王國。」〔註77〕除了表達重耳將恢復晉室之外，也暗示秦將協助重耳匡定國家。此處賦詩，是爲「引申義」。

二、文公十三年

> 冬，公如晉朝，且尋盟。衛侯會公于沓，請平于晉。公還，鄭伯會公于棐，亦請平于晉。公皆成之。鄭伯與公宴于棐，子家賦〈鴻鴈〉。季文子曰：「寡君未免於此！」文子賦〈四月〉。子家賦〈載馳〉之四章，文子賦〈采薇〉之四章。鄭伯拜，公答拜。〔註78〕

《左傳》本文，魯文公到晉國朝見晉靈公，路過衛國時，衛成公請魯文公到晉國代爲求和；在返國途中路過鄭國，鄭穆公也請魯文公再折返回晉國求和。鄭、魯在棐地舉行宴會，鄭大夫子家賦〈鴻鴈〉，「子家賦此者，鄭國以鰥寡自比，欲魯公憐惜之，爲之道途奔波，再度去晉而請和也。」〔註79〕魯季文子賦〈四月〉，表明遠行勞苦，思返國，不想再返晉。子家又賦〈載馳〉第四章，杜預注：「義取小國有急，欲引大國以救助。」〔註80〕於是季文子再賦〈采薇〉第四章，取「豈敢定居」，答應折返晉國來爲鄭謀和。

〈鴻鴈〉一詩，〈毛序〉言：「鴻鴈，美宣王也。萬民離散，不安其居，而能勞來還定安集之，至于矜寡，無不得其所焉。」〔註81〕《左傳》子家賦此，

〔註75〕漢・鄭玄箋，唐・孔穎達等正義：《毛詩正義》，頁375。
〔註76〕漢・鄭玄箋，唐・孔穎達等正義：《毛詩正義》，頁357。
〔註77〕晉・杜預注，唐・孔穎達等正義：《春秋左傳正義》，卷19，頁333～334。
〔註78〕晉・杜預注，唐・孔穎達等正義：《春秋左傳正義》，卷19，頁333～334。
〔註79〕楊伯峻：《春秋左傳注》，頁598。
〔註80〕晉・杜預注，唐・孔穎達等正義：《春秋左傳正義》，卷19下，頁333。
〔註81〕漢・鄭玄箋，唐・孔穎達等正義：《毛詩正義》，頁373。

以鴻鴈、鰥寡喻鄭，之子喻魯公，希望文公矜憐爲鄭請平，是爲「引申義」。

〈四月〉一詩，〈毛序〉言：「四月，大夫刺幽王也。在位貪殘，下國構禍，怨亂並興焉。」〔註82〕《韓》說謂歎征役之作；《魯》說以爲行役過時不反，怨刺之詩。《左傳》季文子賦此詩，杜預注：「義取行役踰時，思歸祭祀。」〔註83〕因此，「毛序但言大旨，以構禍怨亂爲重，渾括其征役祭祀之兩端，是亦以毛序賅魯韓，兩恉合一。」〔註84〕此處賦詩，是爲「引申義」。

〈載馳〉一詩，〈毛序〉言：「載馳，許穆夫人作也。閔其宗國顚覆，自傷不能救也。衛懿公爲狄人所滅，國人分散，露於漕邑。許穆夫人閔衛之亡，傷許之小，力不能救，思歸唁其兄，又義不得，故賦是詩也。」〔註85〕第四章是說「我行於衛國之野矣，正其麥盛長之時也。物化時馳，圖存事亟。當即赴告於大國，以求援助。」〔註86〕《左傳》子家賦此詩，乃求援於魯之意，是爲「引申義」。

〈采薇〉一詩，〈毛序〉言：「采薇，遣戍役也。文王之時，西有昆夷之患，北有玁狁之難，以天子之命，命將率，遣戍役，以守衛中國，故歌采薇以遣之，出車以勞還，杕杜以勤歸也。」〔註87〕第四章主要是說「此戎車既駕而行，其四馬業業然壯大，在戰地豈敢止息安居，要期一月中有多勝焉。」〔註88〕《左傳》季文子賦此章，義取「豈敢定居」，表示不敢安居而允諾鄭國之請求，與詩征戍踰時之義無關，是爲「斷章取義」。〔註89〕

三、襄公四年

穆叔如晉，報知武子之聘也。晉侯享之，金奏〈肆夏〉之三，不拜。工歌〈文王〉之三，又不拜。歌〈鹿鳴〉之三，三拜。韓獻子使行人子員問之曰：「子以君命辱於敝邑，先君之禮，藉之以樂，以辱吾子。吾子舍其大而重拜其細，敢問何禮也？」對曰：「〈三夏〉，天子

〔註82〕漢・鄭玄箋，唐・孔穎達等正義：《毛詩正義》，頁441。
〔註83〕晉・杜預注，唐・孔穎達等正義：《春秋左傳正義》，卷19下，頁333。
〔註84〕王禮卿：《四家詩恉會歸》，頁1359。
〔註85〕漢・鄭玄箋，唐・孔穎達等正義：《毛詩正義》，頁124～125。
〔註86〕王禮卿：《四家詩恉會歸》，頁515。
〔註87〕漢・鄭玄箋，唐・孔穎達等正義：《毛詩正義》，頁331。
〔註88〕王禮卿：《四家詩恉會歸》，頁1101。
〔註89〕此例應歸入第六節「《左傳》賦詩者自己斷章取義，用了自創意」中。而爲了敘述的完整性，筆者將之置於此。

所以享元侯也，使臣弗敢與聞。〈文王〉，兩君相見之樂也，臣不敢
及。〈鹿鳴〉，君所以嘉寡君也，敢不拜嘉？〈四牡〉，君所以勞使臣
也，敢不重拜？〈皇皇者華〉，君教使臣曰：『必諮於周。』臣聞之，
訪問《左傳》於善為咨，咨親為詢，咨禮為度，咨事為諏，咨難為
謀，臣獲五善，敢不重拜？」〔註90〕

　　《左傳》本文，魯國穆叔（叔孫豹）到晉國去回聘答謝。晉悼公設宴款待，
鐘鼓演奏〈肆夏〉等三個樂章，樂工歌唱〈文王〉、〈大明〉、〈綿〉三樂曲，穆
叔皆不答拜，等到歌唱〈鹿鳴〉、〈四牡〉、〈皇皇者華〉三樂曲，穆叔才一一答
拜。晉韓獻子派子員問其原因，穆叔回答〈三夏〉是天子用以享諸侯，〈文王〉
之三是國君相見時之樂，因此不敢接受。〈鹿鳴〉意取「我有嘉賓」、「示我周行」，
故拜謝，〈四牡〉意指「勞使臣之來」，〈皇皇者華〉詩有「周爰咨諏」、「周爰咨
謀」、「周爰咨度」、「周爰咨詢」等句子，表示必定要向忠信之人諮詢討教，因
此再三拜謝。穆叔到晉國，皆依禮而行，可謂不辱君命矣！

　　〈文王〉、〈大明〉、〈綿〉三首詩，一言文王受天命興周；〔註91〕一言文
王有明德，故上天命武王王天下；〔註92〕一言文王之興，是本之於太王公劉。
〔註93〕三首詩皆追溯讚美周朝先祖的德業。是為祭祀之詩。隨後春秋賦詩、
引詩，便成為兩君相見時頌美之詞，用以稱譽國君的品德、功業。《左傳》此
處歌《詩》，蓋取其「引申義」，而穆叔不敢拜受，正是知禮的展現。

　　又〈鹿鳴〉、〈四牡〉、〈皇皇者華〉三詩〈序〉文，一言燕群臣嘉賓；〔註94〕
一言勞使臣之來；〔註95〕一言君遣使臣。〔註96〕與《左傳》的內容對照，二者

〔註90〕晉・杜預注，唐・孔穎達等正義：《春秋左傳正義》，卷29，頁503～505。

〔註91〕〈大雅・文王・序〉：「文王，文王受命作周也。」漢・鄭玄箋，唐・孔穎達
　　　　等正義：《毛詩正義》，頁531。

〔註92〕〈大雅・大明・序〉：「大明，文王有明德，故天復命武王也。」漢・鄭玄箋，
　　　　唐・孔穎達等正義：《毛詩正義》，頁540。

〔註93〕〈大雅・綿・序〉：「綿，文王之興，本由大王也。」漢・鄭玄箋，唐・孔穎
　　　　達等正義：《毛詩正義》，頁545。

〔註94〕〈小雅・鹿鳴・序〉：「鹿鳴，燕群臣嘉賓也。既飲食之，又實幣帛筐篚，以
　　　　將其厚意，然後忠臣嘉賓得盡其心矣。」漢・鄭玄箋，唐・孔穎達等正義：《毛
　　　　詩正義》，頁315。

〔註95〕〈小雅・四牡・序〉：「四牡，勞使臣之來也。有功而見知，則說矣。」漢・
　　　　鄭玄箋，唐・孔穎達等正義：《毛詩正義》，頁317。

〔註96〕〈小雅・裳裳者華・序〉：「皇皇者華，君遣使臣也。送之以禮樂，言遠而有
　　　　光華也。」漢・鄭玄箋，唐・孔穎達等正義：《毛詩正義》，頁318。

是相符的。然而亦有學者認爲《詩序》常依《左傳》說解。〔註97〕依王禮卿先生的考證，〈鹿鳴〉一詩，毛、齊、韓恉同，皆詩之本義，魯說謂周大夫刺君不能養賢，爲詩之引申義；〔註98〕〈四牡〉一詩，〈毛序〉以此爲君勞使臣歸來之詩，齊說恉同；〔註99〕〈皇皇者華〉一詩，齊說言欲諮謀於賢知，而以自光明。〔註100〕四家詩恉皆同，足以證《詩序》非附會《左傳》史實。而此處《左傳》歌詩，是爲詩之本義。〔註101〕

四、襄公十六年

> 冬，穆叔如晉聘，且言齊故。晉人曰：「以寡君之未禘祀，與民之未息，不然不敢忘。」穆叔曰：「以齊人之朝夕釋憾於敝邑之地，是以大請。敝邑之急，朝不及夕，引領西望曰：『庶幾乎？』比執事之間，恐無及也。」見中行獻子，賦〈圻父〉。獻子曰：「偃知罪矣，敢不從執事，以同恤社稷，而使魯及此！」見范宣子，賦〈鴻鴈〉之卒章。宣子曰：「匄在此，敢使魯無鳩乎？」〔註102〕

《左傳》本文，齊國入侵魯國，魯國穆叔到晉國聘問並請求救援。拜見中行獻子荀偃時賦〈圻父〉，杜預注：「詩人責圻父爲王爪牙，不脩其職，使百姓受困苦之憂，而無所止居。」〔註103〕用圻父之失職使荀偃知曉其意。拜見范宣子士匄時朗誦〈鴻鴈〉最後一章，杜預注：「言魯憂困嗷嗷然，若鴻鴈之失所。」〔註104〕因此，范宣子表示絕不會坐視不管齊對魯的侵略行爲。

〈圻父〉一詩，〈毛序〉言：「圻父，刺宣王也。」〔註105〕鄭《箋》云：「刺其用圻父，不得其人也。官非其人則職廢。」〔註106〕《詩》之內容在敘述圻父之失職，而間以刺宣王用將之不當。《左傳》穆叔賦此詩，以圻父喻晉，

〔註97〕 曾勤良：《左傳賦詩引詩之詩教研究》，頁 221。

〔註98〕 王禮卿：《四家詩恉會歸》，頁 1053。

〔註99〕 王禮卿：《四家詩恉會歸》，頁 1059。

〔註100〕 王禮卿：《四家詩恉會歸》，頁 1065。

〔註101〕 此例應歸入第四節「《左傳》賦詩用了《詩》本義」中。而爲了敘述的完整性，筆者將之置於此。

〔註102〕 晉・杜預注，唐・孔穎達等正義：《春秋左傳正義》，卷33，頁 573～574。

〔註103〕 晉・杜預注，唐・孔穎達等正義：《春秋左傳正義》，卷33，頁 574。

〔註104〕 晉・杜預注，唐・孔穎達等正義：《春秋左傳正義》，卷33，頁 574。

〔註105〕 漢・鄭玄箋，唐・孔穎達等正義：《毛詩正義》，頁 377。

〔註106〕 漢・鄭玄箋，唐・孔穎達等正義：《毛詩正義》，頁 377。

意謂晉爲天子侯伯，今魯迭遭齊難，晉乃藉辭推拖，坐視不救。〔註107〕此處賦詩，是爲「引申義」。

〈鴻鴈〉一詩，〈毛序〉言：「鴻鴈，美宣王也。萬民離散，不安其居，而能勞來還定安集之，至于矜寡，無不得其所焉。」〔註108〕以此爲宣王承厲王衰亂之敝，民離散不得安居，而能勞來還定安集之，鰥寡皆得其所，美之之詩。〔註109〕《左傳》穆叔賦此詩，除表明魯之國民因戰事而如同鴻鴈之離散外，亦希望晉能救魯之急難，使百姓生活安定。因此，此處賦詩，是爲「引申義」。

五、襄公十九年

> 齊及晉平，盟于大隧，故穆叔會范宣子于柯。穆叔見叔向，賦〈載馳〉之四章。叔向曰：「肸敢不承命。」穆叔歸曰：「齊猶未也，不可以不懼。」乃城武城。〔註110〕

《左傳》本文，魯多次遭受齊的侵伐，現在齊和晉結盟，因此魯國穆叔去拜見晉國叔向，並賦〈載馳〉第四章，希望得到晉國的救助。

〈載馳〉一詩，〈毛序〉以此爲許穆夫人閔其宗國顛覆，弔唁衛侯失國之作。第四章言行走至衛國之郊，麥正盛長。當儘速奔告於大國請求救援，卻又思忖著誰可來援助？《左傳》穆叔賦〈載馳〉四章，義取「控於大邦，誰因誰極」，表面是問救援大國，可依靠誰呢？實際上是希望晉叔向能給予協助。此處賦詩，是爲「引申義」。

六、襄公二十年

> 冬，季武子如宋，報向戌之聘也。褚師段逆之以受享，賦〈常棣〉之七章以卒。宋人重賄之。歸，復命，公享之，賦〈魚麗〉之卒章，公賦〈南山有臺〉，武子去所曰：「臣不堪也。」〔註111〕

《左傳》本文，魯國季武子到宋國去答謝向戌對魯國的聘問。宴禮中，季武子賦〈常棣〉第七章到最後一章（第八章），意謂魯與宋宜和睦相處，如

〔註107〕奚敏芳：《左傳賦詩引詩之研究》，頁95。
〔註108〕漢・鄭玄箋，唐・孔穎達等正義：《毛詩正義》，頁373。
〔註109〕王禮卿：《四家詩恉會歸》，頁1190。
〔註110〕晉・杜預注，唐・孔穎達等正義：《春秋左傳正義》，卷34，頁587～588。
〔註111〕晉・杜預注，唐・孔穎達等正義：《春秋左傳正義》，卷34，頁588～589。

兄弟、室家相親善。回魯國後,魯襄公設宴款待,季武子賦〈魚麗〉之卒章,意指襄公命其聘宋得其時。魯襄公賦〈南山有台〉,嘉許季武子能為國爭光。

〈常棣〉一詩,〈毛序〉言:「常棣,燕兄弟也。閔管、蔡之失道,故作常棣焉。」〔註112〕七章、八章是敘述兄弟與妻子相處的和樂。《左傳》季武子賦此,杜注云:「取其妻子好合,如鼓琴瑟;宜爾室家,樂爾妻帑。宜二國好合,宜其室家,相親如兄弟。」〔註113〕因此,此處賦詩,是為「引申義」。

〈魚麗〉一詩,〈毛序〉言:「魚麗,美萬物盛多,能備禮也。文武以天保以上治內,采薇以下治外,始於憂勤,終於逸樂,故美萬物盛多,可以告於神明矣。」〔註114〕卒章云:「物其有矣,維其時矣。」說明物之常有是因為用之以時。《左傳》季武子賦此,杜注云:「喻聘宋得其時。」〔註115〕是為「引申義」。

〈南山有台〉一詩,〈毛序〉言:「南山有台,樂得賢也。得賢則能為邦家立太平之基矣。」〔註116〕《左傳》魯襄公賦此,杜注云:「取其樂只君子,邦家之基,邦家之光,喻武子奉使能為國光輝。」〔註117〕是為「詩本義」。〔註118〕

七、襄公二十六年

秋,七月,齊侯、鄭伯為衛侯故如晉,晉侯兼享之。晉侯賦〈嘉樂〉,國景子相齊侯,賦〈蓼蕭〉,子展相鄭伯,賦〈緇衣〉。叔向命晉侯拜二君,曰:「寡君敢拜齊君之安我先君之宗祧也,敢拜鄭君之不貳也。」國子使晏平仲私於叔向,曰:「晉君宣其明德於諸侯,恤其患而補其闕,正其違而治其煩,所以為盟主也。今為臣執君,若之何?」叔向告趙文子,文子以告晉侯。晉侯言衛侯之罪,使叔向告二君。
國子賦〈轡之柔矣〉,子展賦〈將仲子兮〉,晉侯乃許歸衛侯。〔註119〕

《左傳》本文,齊景公、鄭簡公為衛獻公之事到晉國,晉平公設宴款待。

〔註112〕漢・鄭玄箋,唐・孔穎達等正義:《毛詩正義》,頁320。
〔註113〕晉・杜預注,唐・孔穎達等正義:《春秋左傳正義》,卷34,頁588。
〔註114〕漢・鄭玄箋,唐・孔穎達等正義:《毛詩正義》,頁341。
〔註115〕晉・杜預注,唐・孔穎達等正義:《春秋左傳正義》,卷34,頁588。
〔註116〕漢・鄭玄箋,唐・孔穎達等正義:《毛詩正義》,頁347。
〔註117〕晉・杜預注,唐・孔穎達等正義:《春秋左傳正義》,卷34,頁589。
〔註118〕此例應歸入第四節「《左傳》賦詩用了《詩》本義」中。而為了敘述的完整性,筆者將之置於此。
〔註119〕晉・杜預注,唐・孔穎達等正義:《春秋左傳正義》,卷37,頁632～633。

晉平公賦〈嘉樂〉，取「嘉樂君子．顯顯令德，宜民宜人，受祿于天」，用來讚美齊、鄭二君。齊國景子賦〈蓼蕭〉，詩有「既見君子，孔燕豈弟，宜兄宜弟」，意謂晉、衛是兄弟之國，欲晉釋放衛獻公。又杜注曰：「言太平澤及遠，若露之在蕭，以喻晉君恩澤及諸侯。」〔註120〕鄭子展賦〈緇衣〉，杜注云：「義取『適子之館兮，還予授子之粲兮』，言不敢違遠於晉。」〔註121〕《正義》曰：「欲常進衣服，獻飲食，示其不二心也。」〔註122〕表示事晉忠貞不二之心。晉叔向要晉平公向兩位國君拜謝，一拜謝齊君安定晉先君的宗廟，一拜謝鄭對晉沒有二心。《會箋》謂：「齊、鄭之志，在救衛侯，叔向雖知之，以其殺晉戍三百人，大無禮於伯國，不俄允其請，因唯言其安宗祧與不貳以答之也。」〔註123〕之後國景子賦〈轡之柔矣〉，杜注曰：「逸詩，見《周書》，義取寬政以安諸侯，若柔轡之御剛馬。」〔註124〕子展賦〈將仲子兮〉，詩中有「豈敢愛之？畏人之多言。仲可懷也，人之多言，亦可畏也」之句，杜注謂：「義取眾言可畏，衛侯雖別有罪，而眾人猶謂晉為臣執君。」〔註125〕此外，也說明同姓諸侯之國應彼此相護。因此，最後晉平公允許讓衛獻公回國。

〈嘉樂〉一詩，《毛詩》作〈假樂〉。〈毛序〉言：「假樂，嘉成王也。」〔註126〕以此為成王有顯顯令德，臣民愛載而受天百福之詩。《左傳》晉公平賦此，是以成王來美喻齊、鄭二君之美德，是為「引申義」。

〈蓼蕭〉一詩，〈毛序〉言：「蓼蕭，澤及四海也。」〔註127〕以此為天子澤及四海之詩。《左傳》國景子賦此，除用讚頌晉平公的恩澤及於四海之外，也說明晉、衛是同姓兄弟之國，應彼此親善。此處賦詩，是為「引申義」。

〈緇衣〉一詩，〈毛序〉言：「緇衣，美武公也。父子並為周司徒，善於其職，國人宜之。故美其德，以明有國善善之功焉。」〔註128〕《左傳》鄭國子展賦此，取意「適子之館兮，還予受子之粲兮」，《毛傳》言：「諸侯入為天

〔註120〕晉・杜預注，唐・孔穎達等正義：《春秋左傳正義》，卷37，頁632。

〔註121〕晉・杜預注，唐・孔穎達等正義：《春秋左傳正義》，卷37，頁632。

〔註122〕晉・杜預注，唐・孔穎達等正義：《春秋左傳正義》，卷37，頁632。

〔註123〕竹添光鴻：《左氏會箋・襄二十六》（台北：新文豐出版公司，1987年），第18，頁12。

〔註124〕晉・杜預注，唐・孔穎達等正義：《春秋左傳正義》，卷37，頁632。

〔註125〕晉・杜預注，唐・孔穎達等正義：《春秋左傳正義》，卷37，頁633。

〔註126〕漢・鄭玄箋，唐・孔穎達等正義：《毛詩正義》，頁615。

〔註127〕漢・鄭玄箋，唐・孔穎達等正義：《毛詩正義》，頁348。

〔註128〕漢・鄭玄箋，唐・孔穎達等正義：《毛詩正義》，頁160。

子卿士，受采祿。」〔註129〕即表示鄭願以忠誠之心事奉晉，如武公父子之善於其職。此處賦詩，是為「引申義」。

〈彎之柔矣〉一詩，今本《詩經》並無此篇，是為「逸詩」。《逸周書‧太子晉》中引詩云：「馬之剛矣，彎之柔矣；馬亦不剛，彎亦不柔；志氣麇麇，取予不疑，以是御之。」〔註130〕應就是此詩。《左傳》國景子賦此，杜預解釋為「義取寬政以安諸侯，如柔彎之御剛馬」，表示晉應以寬柔之政策來使諸侯安定。此處賦詩，是為「引申義」。

〈將仲子〉一詩，〈毛序〉言：「將仲子，刺莊公也。不勝其母，以害其弟。弟叔失道而公弗制，祭仲諫而公弗聽，小不忍以致大亂焉。」〔註131〕《左傳》子展賦此，除了說明眾言可畏之外，亦希望晉平公能顧及同姓諸侯國之宜，彼此相護。此處賦詩，是為「引申義」。

八、襄公二十七年

鄭伯享趙孟于垂隴，子展、伯有、子西、子產、子大叔、二子石從。趙孟曰：「七子從君，以寵武也。請皆賦以卒君貺，武亦以觀七子之志。」子展賦〈草蟲〉。趙孟曰：「善哉，民之主也！抑武也，不足以當之。」伯有賦〈鶉之賁賁〉。趙孟曰：「床第之言不踰閾，況在野乎？非使人之所得聞也。」子西賦〈黍苗〉之四章。趙孟曰：「寡君在，武何能焉。」子產賦〈隰桑〉。趙孟曰：「武請受其卒章。」子大叔賦〈野有蔓草〉。趙孟曰：「吾子之惠也。」印段賦〈蟋蟀〉。趙孟曰：「善哉！保家之主也，吾有望矣。」公孫段賦〈桑扈〉。趙孟曰：「匪交匪敖，福將焉往？若保是言也，欲辭福祿，得乎？」卒享，文子告叔向曰：「伯有將為戮矣。詩以言志，志誣其上，而公怨之，以為賓榮，其能久乎？幸而後亡。」叔向曰：「然，已侈，所謂不及五稔者，夫子之謂矣。」文子曰：「其餘皆數世之主也。子展其後亡者也，在上不忘降。印氏其次也，樂而不荒。樂以安民，不淫以使之，後亡，不亦可乎？」〔註132〕

〔註129〕漢‧鄭玄箋，唐‧孔穎達等正義：《毛詩正義》，頁161。

〔註130〕《逸周書‧太子晉》（台北：藝文印書館，1965年），卷9，頁6。

〔註131〕漢‧鄭玄箋，唐‧孔穎達等正義：《毛詩正義》，頁161。

〔註132〕晉‧杜預注，唐‧孔穎達等正義：《春秋左傳正義》，卷38，頁647～648。

　　《左傳》本文，趙武由宋回國，鄭簡公在垂隴設宴招待，趙武請求子展、伯有、子西、子產、子太叔、印段、公孫段七位大夫賦詩，以觀七子之志。子展賦〈草蟲〉、伯有賦〈鶉之賁賁〉、子西賦〈黍苗〉之四章、子產賦〈隰桑〉、子太叔賦〈野有蔓草〉、印段賦〈蟋蟀〉、公孫段賦〈桑扈〉。宴禮結束，趙武告訴叔向謂伯有將有殺身之禍，其餘大夫皆數世之主。

　　〈草蟲〉一詩，〈毛序〉言：「草蟲，大夫妻能以禮自防也。」〔註133〕《魯》說《說苑·君道篇》曰：「《詩》云：『未見君子，憂心惙惙；亦既見止，亦既覯止，我心則說。』詩人之好善道之甚也如此。」〔註134〕王禮卿先生闡釋說：

　　　　蓋詩人以大夫妻守禮，有不當於君子無以寧父母之慮，與在上者好
　　　　善，有不見君子無與共治之憂，義頗相類，故引申爲好善求賢之作。
　　　　賦詩者則就此引申義言之，所以善其爲民之主者，則又賦詩之義也。
　　　　　　〔註135〕

《左傳》子展賦此詩，在讚美趙武爲君子且心憂國事，是爲民之主。此處賦詩，是爲「引申義」。

　　〈鶉之賁賁〉一詩，〈毛序〉言：「鶉之奔奔，刺衛宣姜也。衛人以爲宣姜鶉鵲之不若也。」〔註136〕依王禮卿先生考證的結果：

　　　　此詩本義，當成於伋、壽既亡之後。二公子推原禍始，階於宣公之
　　　　納伋妻，壞綱常而殘胤嗣，淫暴之風染及閭閻。以如斯惡人爲君兄，
　　　　於家於國，不勝其恥辱痛疾，故詩以刺之。……《左傳》賦詩之義，
　　　　當即本此本義而言。〔註137〕

又言：

　　　　此詩本義刺君兄之惡行，而傷國家之辱；引申義刺宣姜與頑之淫亂，
　　　　而痛君民之辱。〔註138〕

　　《左傳》伯有賦此詩，杜預注曰：「衛人刺其君淫亂，鶉鵲之不若，義取人之無良，我以爲兄，我以爲君也。」〔註139〕《正義》謂：「鄭君實未有罪，

〔註133〕漢·鄭玄箋，唐·孔穎達等正義：《毛詩正義》，頁51。
〔註134〕劉向：《說苑·君道篇》（台北：中華書局，1965年），卷1，頁2。
〔註135〕王禮卿：《四家詩恉會歸》，頁235。
〔註136〕漢·鄭玄箋，唐·孔穎達等正義：《毛詩正義》，頁114。
〔註137〕王禮卿：《四家詩恉會歸》，頁471。
〔註138〕王禮卿：《四家詩恉會歸》，頁473。
〔註139〕晉·杜預注，唐·孔穎達等正義：《春秋左傳正義》，卷38，頁647。

伯有稱人之無良，是誣其上也。」〔註140〕伯有以衛宣姜之事來比附鄭簡公，實在是誣衊且公然怨恨國君，難怪即將面臨大禍。此處賦詩，是爲「引申義」。

〈黍苗〉一詩，〈毛序〉言：「黍苗，刺幽王也。不能膏潤天下，卿士不能行召伯之職焉。」〔註141〕以此爲幽王不能以恩德惠民，膏潤天下；卿士不能行召伯親侯營謝之職，輔成事業，爲陳古刺今之詩。〔註142〕第四章「肅肅謝功，召伯營之；烈烈征師，召伯成之」在敘述召伯之功勞。《左傳》子西賦此，是以召伯比喻趙武，稱美其功勳，此處賦詩，是爲「引申義」。

〈隰桑〉一詩，〈毛序〉言：「隰桑，刺幽王也。小人在位，君子在野，思見君子，盡心以事之。」〔註143〕詩的內容在稱美君子之賢德，有覆蔭化育之功，實則隱含刺意，言今日在位多小人。《左傳》子產賦此，而趙武謂願受其卒章，陳奐曰：「此賦詩以君子美趙孟，趙孟但斷取忠君愛上之義，故云請受卒章也。」〔註144〕此處賦詩，是爲「引申義」。

〈野有蔓草〉一詩，〈毛序〉言：「野有蔓草，思遇時也。君之澤不下流，民窮於兵革，男女失時，思不期而會焉。」〔註145〕然〈序〉文末兩句「男女失時，思不期而會焉」，此則須加以辨正。依王禮卿先生的考查，他說：

> 首序言思遇時者，謂思遇賢者而適時願也。與詩以蔓草得露而滋，與國民得賢而治之義正合。後序謂君之澤不下流，民窮於兵革，推原詩所以作之情勢，爲所以思遇時之故，説亦得之。唯謂男女失時，思不期而會，則與詩及首序竝戾。陳氏啓源謂「東萊疑後敘是講師所益。」其説甚是，末二語蓋講師之誤增也。推其所以致誤之由，一由詩有美人清揚之語，致誤爲詠女子。……一由傳有「不期而會適其時願」之辭，致誤爲男女相遇。……是皆爲後序者致誤之因也。〔註146〕

因此，《左傳》子太叔賦此詩，是取遇賢適願之意，並非男女相遇之詞。此處賦詩，是爲「引申義」。

〈蟋蟀〉一詩，〈毛序〉言：「蟋蟀，刺晉僖公也。儉不中禮，故作是詩

〔註140〕晉・杜預注，唐・孔穎達等正義：《春秋左傳正義》，卷38，頁648。

〔註141〕漢・鄭玄箋，唐・孔穎達等正義：《毛詩正義》，頁513。

〔註142〕王禮卿：《四家詩恉會歸》，頁1496。

〔註143〕漢・鄭玄箋，唐・孔穎達等正義：《毛詩正義》，頁515。

〔註144〕陳奐：《詩毛氏傳疏》，卷22，頁10。

〔註145〕漢・鄭玄箋，唐・孔穎達等正義：《毛詩正義》，頁182。

〔註146〕王禮卿：《四家詩恉會歸》，頁706。

以閔之，欲其及時以禮自虞樂也。此晉也，而謂之唐，本其風俗，憂深思遠，儉而用禮，乃有堯之遺風焉。」〔註147〕《左傳》印段賦此，趙孟讚美他是可以保家的大夫。那麼，乍看之下，〈序〉旨似與《左傳》相反。然而，王禮卿先生釋之曰：

> 詩雖主刺僖公儉不中禮，而望其及時以禮自虞樂，則示以以禮為準，奢儉得中之精義，即陶唐儉德之遺風。……詩言職思其居、其外、其憂，瞿瞿、蹶蹶、休休，皆明以禮御儉之方，是詩中本具儉德之義。……故趙孟、印段、孔子皆取為言，而略其刺義。〔註148〕

因此，此處賦詩，是為「引申義」。

〈桑扈〉一詩，〈毛序〉言：「桑扈，刺幽王也。君臣上下動無禮文焉。」〔註149〕此蓋詩人見幽王君臣動無禮文，更無功德，故思古君臣禮文之肅，明王功德之盛，陳古以刺今。〔註150〕《左傳》公孫段賦此詩，在頌美趙孟有禮文，故受上天之福佑。趙孟亦以不驕不傲才能永保福祿來回應。此處賦詩，是為「引申義」。

九、昭公元年

> 夏，四月，趙孟、叔孫豹、曹大夫入于鄭，鄭伯兼享之。子皮戒趙孟，禮終，趙孟賦〈瓠葉〉。子皮遂戒穆叔，且告之。穆叔曰：「趙孟欲一獻，子其從之。」子皮曰：「敢乎？」穆叔曰：「夫人之所欲也，又何不敢？」及享，具五獻之籩豆於幕下，趙孟辭，私於子產曰：「武請於冢宰矣。」乃用一獻，趙孟為客，禮終乃宴。穆叔賦〈鵲巢〉，趙孟曰：「武不堪也。」又賦〈采蘩〉，曰：「小國為蘩，大國省穡而用之，其何實非命？」子皮賦〈野有死麕〉之卒章，趙孟賦〈常棣〉，且曰：「吾兄弟比以安，尨也可使無吠。」穆叔、子皮及曹大夫興，拜，舉兕爵曰：「小國賴子，知免於戾矣。」飲酒樂，趙孟出，曰：「吾不復此矣！」〔註151〕

《左傳》本文，鄭伯設享禮款待趙孟、叔孫豹、曹大夫。晉趙孟賦〈瓠

〔註147〕漢・鄭玄箋，唐・孔穎達等正義：《毛詩正義》，頁216。
〔註148〕王禮卿：《四家詩恉會歸》，頁799。
〔註149〕漢・鄭玄箋，唐・孔穎達等正義：《毛詩正義》，頁480。
〔註150〕王禮卿：《四家詩恉會歸》，頁1431。
〔註151〕晉・杜預注，唐・孔穎達等正義：《春秋左傳正義》，卷41，頁701。

葉〉，意思是享禮只須一獻即可，強調簡樸而避免鋪張。魯孫叔豹（穆叔）賦〈鵲巢〉，讚美趙孟輔佐晉君之勳勞。又賦〈采蘩〉，以蘩自比己國，表示願為大國效勞。鄭子皮賦〈野有死麕〉之末章，言趙孟以義來安撫諸侯。趙孟賦〈常棣〉，說明諸侯間當如兄弟互相親睦。

〈瓠葉〉一詩，〈毛序〉以此為刺幽王棄禮而不行，不肯以牲牢饔餼宴賓客，因此思古人不以微薄廢禮之善舉。瓠葉、兔首雖屬微薄之物，亦可以成禮。《左傳》趙孟賦此，杜注曰：「義取古人不以微薄廢禮，雖瓠葉、兔首，猶與賓客享之。」〔註152〕此處賦詩，是為「引申義」。

〈鵲巢〉一詩，〈毛序〉以此為美夫人之德如鳲鳩，貞壹均平，可配國君。《左傳》叔孫豹賦此，杜注曰：「言鵲有巢，而鳩居之，喻晉君有國，趙孟治之。」〔註153〕以鵲比擬晉君，以鳩喻趙孟，巢喻晉，讚揚趙孟身居朝廷重臣之地位。自古妻道即如臣道，此處賦〈鵲巢〉，是為「引申義」。

〈采蘩〉一詩，〈毛序〉言：「采蘩，夫人不失職也。夫人可以奉祭祀，則不失職矣。」〔註154〕采蘩雖是薄物，然可薦於鬼神、饈於王公，是因夫人之德與信兼備足以奉其職。《左傳》叔孫豹賦此，杜注曰：「穆叔言小國微薄，猶蘩菜，大國能省愛用之而不棄，則何敢不從命。」〔註155〕以蘩喻微小之魯國，公侯喻晉國，表達願謹事晉。此處賦詩，是為「引申義」。

〈野有死麕〉一詩，〈毛序〉以此為天下大亂，彊暴相陵，遂成淫風，雖當亂世，猶惡無禮之詩。其卒章言勿動佩巾、勿使狗驚嚇而吠，主要在說明勿做無禮強橫之行為。《左傳》子皮賦此卒章，杜注曰：「義取君子徐以禮來，無使我失節，而使狗驚吠。喻趙孟以義撫諸侯，無以非禮相加陵。」〔註156〕此處賦詩，是為「引申義」。

〈常棣〉一詩，〈毛序〉以此為燕兄弟之詩。《左傳》趙孟賦此，以兄弟為言，表達晉、魯、鄭、曹之間應和諧共處。此處賦詩，是為「引申義」。

十、昭公二年

二年，春，晉侯使韓宣子來聘，且告為政，而來見，禮也。觀書於

〔註152〕晉・杜預注，唐・孔穎達等正義：《春秋左傳正義》，卷41，頁701。
〔註153〕晉・杜預注，唐・孔穎達等正義：《春秋左傳正義》，卷41，頁701。
〔註154〕漢・鄭玄箋，唐・孔穎達等正義：《毛詩正義》，頁46～47。
〔註155〕晉・杜預注，唐・孔穎達等正義：《春秋左傳正義》，卷41，頁701。
〔註156〕晉・杜預注，唐・孔穎達等正義：《春秋左傳正義》，卷41，頁701。

　　大史氏，見《易》、象與《魯春秋》，曰：「周禮盡在魯矣，吾乃今知
　　周公之德與周之所以王也。」公享之。季武子賦〈緜〉之卒章，韓
　　子賦〈角弓〉。季武子拜曰：「敢拜子之彌縫敝邑，寡君有望矣。」
　　武子賦〈節〉之卒章。既享，宴于季氏。有嘉樹焉，宣子譽之。武
　　子曰：「宿敢不封殖此樹，以無忘〈角弓〉。」遂賦〈甘棠〉。宣子曰：
　　「起不堪也，無以及召公。」〔註157〕

　　《左傳》本文，晉韓宣子到魯國聘問，昭公設享禮招待。魯季武子賦〈緜〉
之卒章，以文王比晉侯，又讚美韓宣子為晉國之重臣。韓宣子賦〈角弓〉，意
指兄弟之國應互相親善。季武子拜謝後賦〈節〉之卒章，希望晉可以施惠以
及於萬邦。享禮結束後，在季武子家宴飲。韓宣子讚美庭中嘉樹，季武子言
以此不忘〈角弓〉，表示會善養此樹，如同維繫好晉、魯之間的關係。並賦〈甘
棠〉，以召伯之德頌美韓宣子。

　　〈緜〉一詩，〈毛序〉以此為文王之興，本由大王之詩。其卒章在敘述文
王平訟、諸侯歸附以及四賢輔佐之功業。《左傳》季武子賦〈緜〉之卒章，杜
注曰：「取文王有四臣，故能以緜緜致興盛，以晉侯比文王，以韓子比四輔。」
〔註158〕此處賦詩，是為「引申義」。

　　〈角弓〉一詩，〈毛序〉以此為父兄刺幽王不親九族而好讒佞，致使骨肉
相怨之詩。其引申之主旨在說明宗族兄弟本應親睦，由九族推及於人民，人
民自然起而效之。《左傳》韓宣子賦此，杜注曰：「取其兄弟婚姻，無胥遠矣。
言兄弟之國宜相親。」〔註159〕此處賦詩，是為「引申義」。

　　〈節〉一詩，即〈節南山〉之省稱。〈毛序〉言此為家父刺幽王之詩。詩
中刺大師尹氏亂政失職，言詞痛切，然而最後仍冀其悛改。其實刺尹氏亦即
刺幽王朝也。其卒章說明家父作此詩以追究王政多爭訟之原由即出自大師尹
氏，並希望用此詩感化尹氏，期望他能盡畜養萬邦之民的責任。《左傳》季武
子賦〈節〉之卒章，《左氏會箋》謂：「卒章曰：『家父作誦，以究王訩。』王
訩言王家之凶禍也。……蓋晉平公失政，伯勢將傾，武子欲使韓子改趙孟之
偷以慈和小國，故賦之也。訛爾心，亦取革舊弊、興新利之意。」〔註160〕因

〔註157〕晉・杜預注，唐・孔穎達等正義：《春秋左傳正義》，卷42，頁718～719。
〔註158〕晉・杜預注，唐・孔穎達等正義：《春秋左傳正義》，卷42，頁718。
〔註159〕晉・杜預注，唐・孔穎達等正義：《春秋左傳正義》，卷42，頁718。
〔註160〕竹添光鴻：《左氏會箋・昭二》，第20，頁42。

此，此處賦詩，是爲「引申義」。

〈甘棠〉一詩，〈毛序〉言此爲頌美召伯之教明於南國，人民感其德教，思其人、愛其樹而歌詠之作。《左傳》季武子賦此，是以召公美喻韓宣子，因此宣子言不敢受也。此處賦詩，是爲「引申義」。

十一、昭公二年

> 自齊聘於衛，衛侯享之。北宮文子賦〈淇澳〉，宣子賦〈木瓜〉。
> 〔註161〕

《左傳》本文，晉韓宣子到衛國聘問，衛侯設享禮招待。衛國北宮文子賦〈淇澳〉，讚美韓宣子有武公的美德，韓宣子賦〈木瓜〉，表示晉會厚報衛之盛情，並永與衛友好。

〈淇澳〉一詩，《毛詩》作〈淇奧〉。〈毛序〉以此爲美武公有文章，能聽規諫，入相于周之詩。《左傳》北宮文子賦此，是以武公之德來讚美韓宣子，是爲「引申義」。

〈木瓜〉一詩，〈毛序〉以此爲衛人感念齊桓公相救之德，欲厚報之詩。《左傳》韓宣子賦此，杜注曰：「義取於欲厚報以爲好。」〔註162〕此處賦詩，是爲「詩本義」。〔註163〕

十二、昭公十六年

> 夏，四月，鄭六卿餞宣子於郊。宣子曰：「二三君子請皆賦，起亦以知鄭志。」子齹賦〈野有蔓草〉，宣子曰：「孺子善哉！吾有望矣。」子產賦鄭之〈羔裘〉，宣子曰：「起不堪也。」子大叔賦〈褰裳〉，宣子曰：「起在此，敢勤子至於他人乎？」子大叔拜。宣子曰：「善哉，子之言！不有是事，其能終乎？」子游賦〈風雨〉，子旗賦〈有女同車〉，子柳賦〈蘀兮〉。宣子喜，曰：「鄭其庶乎！二三君子以君命貺起，賦不出鄭志，皆昵燕好也。二三君子，數世之主也，可以無懼矣。」宣子皆獻馬焉，而賦〈我將〉，子產拜，使五卿皆拜，曰：

〔註161〕晉‧杜預注，唐‧孔穎達等正義：《春秋左傳正義》，卷42，頁719。
〔註162〕晉‧杜預注，唐‧孔穎達等正義：《春秋左傳正義》，卷42，頁719。
〔註163〕此例應歸入第四節「《左傳》賦詩用了《詩》本義」中。而爲了敘述的完整性，筆者將之置於此。

「吾子靖亂，敢不拜德！」〔註164〕

《左傳》本文，鄭國六卿為晉韓起餞行，韓起請六卿賦詩以知鄭國之志。子蟜賦〈野有蔓草〉表達樂與相會之意。子產賦〈羔裘〉，讚美韓起為邦國碩彥。子太叔賦〈褰裳〉，希望晉能顧恤鄭，那麼鄭亦會忠勤事晉，否則鄭將事奉他國。子游賦〈風雨〉，謂既見君子，心中喜樂。子旗賦〈有女同車〉，讚美韓起之威儀德音。子柳賦〈蘀兮〉，表示倡和之意。因此韓起賦〈我將〉來自勉，也答應為鄭平定動亂。

〈野有蔓草〉一詩，〈毛序〉言：「野有蔓草，思遇時也。君之澤不下流，民窮於兵革，男女失時，思不期而會焉。」〔註165〕指思遇賢以適其時願。《左傳》子蟜賦此，表達與韓起相會面之喜樂，亦以賢者美韓起。此處賦詩，是為「引申義」。

〈羔裘〉一詩，〈毛序〉以此為刺朝之詩，言古之君子，以諷刺其朝。詩中多稱美古代賢者之正直及材德之善，是為陳古以刺今之作。《左傳》子產賦此，乃以古之賢者來讚美韓起，是為「引申義」。

〈褰裳〉一詩，〈毛序〉言：「褰裳，思見正也。狂童恣行，國人思大國之正己也。」〔註166〕《左傳》子大叔賦此，是冀望晉能惠愛鄭且撥正鄭國之亂，是為「引申義」。

〈風雨〉一詩，〈毛序〉言君子處亂世而不改其節操。《左傳》子游賦此，杜注曰：「取其既見君子，云胡不夷。」〔註167〕表示見到韓起，心中喜樂。此處賦詩，是為「引申義」。

〈有女同車〉一詩，〈毛序〉以此為鄭人刺鄭太子忽不娶賢而美善之齊女，卒以無大國之助而被逐出之詩。詩中內容在敘述齊女賢淑之品德。《左傳》子旗賦此，杜注曰：「取其洵美且都，愛樂宣子（韓起）之志。」〔註168〕是為「引申義」。

〈蘀兮〉一詩，〈毛序〉以此為刺忽之詩，君弱臣強，不倡而和。王禮卿先生釋之曰：「此詩以槁葉待風吹而後落，興人臣待君令而後行，亦即臣待君倡而後和。此詩正面之義。……鄭則君弱臣強，不倡而和，為忽之失政。乃

〔註164〕晉·杜預注，唐·孔穎達等正義：《春秋左傳正義》，卷47，頁828～829。
〔註165〕漢·鄭玄箋，唐·孔穎達等正義：《毛詩正義》，頁182。
〔註166〕漢·鄭玄箋，唐·孔穎達等正義：《毛詩正義》，頁173。
〔註167〕晉·杜預注，唐·孔穎達等正義：《春秋左傳正義》，卷47，頁828。
〔註168〕晉·杜預注，唐·孔穎達等正義：《春秋左傳正義》，卷47，頁828。

詩反面之義。故序明其旨,著其爲刺忽之詩。」〔註169〕《左傳》子柳賦此,意謂小國之倡和大國,是爲「引申義」。

〈我將〉一詩,〈毛序〉言:「我將,祀文王於明堂也。」〔註170〕是爲讚頌文王之盛德及順天道行事安定天下之樂歌。《左傳》韓起賦此,以「德」自許,並答應爲鄭靖亂。此處賦詩,是爲「引申義」。

十三、昭公十七年

十七年,春,小邾穆公來朝,公與之燕。季平子賦〈采叔〉,穆公賦〈菁菁者莪〉,昭子曰:「不有以國,其能久乎?」〔註171〕

《左傳》本文,小邾穆公與魯昭公一起飲宴。魯季平子賦〈采叔〉,以君子來讚美穆公。穆公賦〈菁菁者莪〉,以君子來美喻魯君,並表達相見之歡。

〈采叔〉一詩,《毛詩》作〈采菽〉。〈毛序〉以此爲幽王侮慢諸侯,不能錫命以禮且無信義,因此君子思古以刺今之詩。詩中敘述天子以禮錫命諸侯之事,並及於諸侯儀度、才德之描摹。《左傳》季平子賦此,以君子之儀德喻穆公,是爲「引申義」。

〈菁菁者莪〉一詩,〈毛序〉以此爲君子長育人才,天下喜樂之詩。《左傳》穆公賦此,杜注曰:「取其『既見君子,樂且有儀』,以答〈采叔〉。」〔註172〕除表達賓主相見之歡外,亦讚美魯君能長育人材。此處賦詩,是爲「詩本義」。〔註173〕

第六節 《左傳》賦詩者自己斷章取義,用了自創意

一、襄公八年

晉范宣子來聘,且拜公之辱。告將用師于鄭。公享之,宣子賦〈摽有梅〉。季武子曰:「誰敢哉?今譬於草木,寡君在君,君之臭味也。歡

〔註169〕王禮卿:《四家詩恉會歸》,頁676~677。
〔註170〕漢・鄭玄箋,唐・孔穎達等正義:《毛詩正義》,頁717。
〔註171〕晉・杜預注,唐・孔穎達等正義:《春秋左傳正義》,卷48,頁834。
〔註172〕晉・杜預注,唐・孔穎達等正義:《春秋左傳正義》,卷48,頁834。
〔註173〕此例應歸入第四節「《左傳》賦詩用了《詩》本義」中。而爲了敘述的完整性,筆者將之置於此。

以承命，何時之有？」武子賦〈角弓〉。賓將出，武子賦〈彤弓〉。宣
子曰：「城濮之役，我先君文公獻功于衡雍，受彤弓于襄王，以為子
孫藏。匄也，先君守官之嗣也，敢不承命。」君子以為知禮。〔註174〕

　　《左傳》本文，晉國范宣子士匄來魯國聘問，告知將對鄭國用兵，襄公設宴禮招待他。范宣子賦〈摽有梅〉，杜注曰：「摽，落也，梅盛極則落。詩人以興女色盛則有衰，眾士求之，宜及其時。宣子欲魯及時共討鄭，取其汲汲相赴。」〔註175〕魯國季武子以草木做譬喻，說明晉和魯的關係，就如同花木之與氣味，二者是一體的，並且賦〈角弓〉一詩，取意「兄弟昏姻，無胥遠矣」、「爾之教矣，民胥效矣」，以兄弟之誼表示會緊跟晉國，為之效勞。又賦〈彤弓〉，意在頌美晉悼公能繼承晉文公的霸業。

　　〈摽有梅〉一詩，〈毛序〉謂召南之國，被文王之化，使男女得以及時。《左傳》范宣子賦此詩，即斷取「及時」之意，是為「賦詩斷章」。

　　〈角弓〉一詩，〈毛序〉謂不親九族而好讒佞，致骨肉相怨。《左傳》季武子賦此，取其反義「兄弟昏姻，無胥遠矣」，是為「引申義」。〔註176〕

　　〈彤弓〉一詩，〈毛序〉謂天子錫有功諸侯。《左傳》中范宣子亦言「城濮之役，我先君文公獻功於衡雍，受彤弓於襄王，以為子孫藏。」〔註177〕季武子賦此詩，正足以稱揚晉之霸業，此處引詩是為「詩本義」。〔註178〕

二、襄公十九年

季武子如晉拜師，晉侯享之。范宣子為政，賦〈黍苗〉，季武子興，
再拜稽首曰：「小國之仰大國也，如百穀之仰膏雨焉。若常膏之，其
天下輯睦，豈唯敝邑。」賦〈六月〉。〔註179〕

　　《左傳》本文，魯國季武子到晉國拜謝晉出兵討伐齊國。晉范宣子賦〈黍苗〉，取意「芃芃黍苗，陰雨膏之」，自誇己功而以召伯美喻晉君。季武子賦

〔註174〕晉・杜預注，唐・孔穎達等正義：《春秋左傳正義》，卷30，頁522。
〔註175〕晉・杜預注，唐・孔穎達等正義：《春秋左傳正義》，卷30，頁522。
〔註176〕此例應歸入第五節「《左傳》賦詩用了《詩》的引申義」中。而為了敘述的完整性，筆者將之置於此。
〔註177〕晉・杜預注，唐・孔穎達等正義：《春秋左傳正義》，卷30，頁522。
〔註178〕此例應歸入第四節「《左傳》賦詩用了《詩》本義」中。而為了敘述的完整性，筆者將之置於此。
〔註179〕晉・杜預注，唐・孔穎達等正義：《春秋左傳正義》，卷34，頁585。

〈六月〉來稱頌感謝晉君的庇護。

〈黍苗〉一詩，〈毛序〉言：「刺幽王也。不能膏潤天下，卿士不能行召伯之職焉。」〔註180〕然而三家說《國語》韋昭注：「〈黍苗〉，道召伯述職，勞來諸侯也。」〔註181〕二者之說差異甚大。胡承珙《毛詩後箋》云：

> 此詩但言召伯營謝，勞來徒役，竝無述職勞諸侯之事。……至《左傳》賦詩，多祇取其詞，不盡拘作詩之旨。〔註182〕

因此，《左傳》范宣子賦此，用召伯之功來比喻晉軍的憂勞魯國，是爲「斷章取義」。

〈六月〉一詩，〈毛序〉言：「六月，宣王北伐也。」〔註183〕宣王命尹吉甫北伐玁狁，使國家得以安定，因此詩人作此詩頌美之。《左傳》季武子賦此，杜預注：「以晉侯比吉甫出征以匡王國。」〔註184〕此詩賦詩，是爲「引申義」。〔註185〕

三、定公四年

> 申包胥如秦乞師，曰：「吳爲封豕、長蛇，以荐食上國，虐始於楚。寡君失守社稷，越在草莽，使下臣告急，曰：『夷德無厭，若鄰於君，疆埸之患也。逮吳之未定，君其取分焉。若楚之遂亡，君之土也。若以君靈撫之，世以事君。』」秦伯使辭焉，曰：「寡人聞命矣。子姑就館，將圖而告。」對曰：「寡君越在草莽，未獲所伏，下臣何敢即安？」立，依於庭牆而哭，日夜不絕聲，勺飲不入口七日。秦哀公爲之賦〈無衣〉。九頓首而坐。秦師乃出。〔註186〕

《左傳》本文，吳侵楚。楚大夫申包胥去秦國請求出兵救楚，並分析利害關係。然而秦哀公聽了之後並未答應出兵，申包胥因此拒絕到賓館休息，並且依牆大哭七日夜，不飲一勺水，充分展現對楚的赤誠之心。秦哀公受其

〔註180〕漢・鄭玄箋，唐・孔穎達等正義：《毛詩正義》，頁513。

〔註181〕《國語・晉語》，卷10，頁361。

〔註182〕胡承珙：《毛詩後箋・小雅・黍苗》，收入《續修四庫全書》，卷22，頁568。

〔註183〕漢・鄭玄箋，唐・孔穎達等正義：《毛詩正義》，頁357。

〔註184〕晉・杜預注，唐・孔穎達等正義：《春秋左傳正義》，卷34，頁585。

〔註185〕此例應歸入第五節「《左傳》賦詩用了《詩》的引申義」中。而爲了敘述的完整性，筆者將之置於此。

〔註186〕晉・杜預注，唐・孔穎達等正義：《春秋左傳正義》，卷54，頁953。

感動，賦〈無衣〉，表示會與他同仇敵愾，出兵救楚。

　　〈無衣〉一詩，〈毛序〉以此為秦人刺其君好用兵而不與民同欲之詩。詩中用戰士之語，敘述古之明君與民同欲而民亦樂為君王效命，用來諷刺今之君則不然。是為陳古刺今之作。《左傳》秦哀公賦此，只取「與子同仇」之意，無關詩之美刺，是為「斷章取義」。

第五章　《左傳》引詩與《詩序》之關聯

第一節　「引詩」的界定

　　賦詩的場合多於朝聘宴享、國與國揖讓周旋之際，配合音樂的演奏，應用在政治、外交、君臣對答等正式場合。而引詩則較無限制，在一般言談對答之時，隨口引詩來評論政治的成敗得失，或臧否人事的是非曲直，或講論倫理道德。因此，《左傳》引詩的目的，主要在引詩以論人、論事，引詩以說理，引詩以言志，取詩之辭義為用，已不注重其音樂性，也不限於正式儀節。

　　引詩的方式，依奚敏芳之說，[註1]約可區分為六：

　　其一，以「詩曰」、「詩云」、「詩所謂」發端者，此為引詩的正例。如：桓公十二年傳：「《詩》云：『君子屢盟，亂是用長。』」；宣公二年傳：「《詩》所謂『人之無良』者。」

　　其二，直引詩句，不冠「詩曰」、「詩云」者。如：襄公八年傳：「敝邑之眾，夫婦男女，『不遑啓處』以相救也。」

　　其三，標舉風、雅、頌之名目者。如：文公十五年傳：「〈周頌〉曰：『畏天之威，于時保之。』」

　　其四，引詩標明篇名者。如：宣公十二年傳：「〈汋〉曰：『於鑠王師，遵養時晦。』」、「〈武〉曰：『無競惟烈。』」，《左傳》引詩明標詩篇之名者，凡此二見。

　　其五，但舉篇名，不引詩句者。如：昭公四年傳：「〈七月〉之卒章，藏

〔註1〕奚敏芳：《左傳賦詩引詩之研究》，頁32～34。

冰之道也。」〈七月〉，詩豳風。

其六，不舉篇名、不引詩句而但用詩義者。如：襄公十四年傳：「苟有明信，澗、谿、沼、沚之毛，蘋、蘩、薀藻之菜，筐、筥、錡、釜之器，潢、汙、行潦之水，可薦於鬼神，可羞於王公。」此取〈采蘩〉、〈采蘋〉之詩義成辭也。

以引詩人物的性質區分，可大別爲三類，即時人引詩，「仲尼」引詩，以及「君子」引詩。〔註2〕時人引詩，《左傳》都明指徵引人物；「仲尼」引詩，《左傳》例稱爲「仲尼曰」或「孔子曰」；「君子」引詩，《左傳》例稱「君子曰」，或「君子謂」、「君子是以」、「君子以爲」，均託名「君子」。時人引詩，大抵即在史事發展的過程當中，應答對談，隨機引用，「仲尼曰」與「君子曰」，則是事後始出評論。〔註3〕

以下即針對「時人引詩」、「仲尼引詩」、「君子引詩」三部份整理統計表格，依「國別」、「紀年」、「引詩人物」、「引詩篇章」的順序，統計引詩事次、詩次及人數的概況。

一、時人引詩表

國別	紀　年	引詩人物	引　詩　篇　章	事次	詩次	人數
周	僖廿二年	富辰	小雅·正月	3	4	2
	僖廿四年	富辰	小雅·常棣 小雅·常棣			
	昭十三年	劉獻公	小雅·六月			
鄭	桓六年	太子忽	大雅·文王	11	13	8
	襄八年	子駟	逸詩（周詩有之曰：俟河之清，人壽幾何？兆云詢多，職競作羅。）			
	襄八年	子駟	小雅·小旻			
	襄八年	伯騈	小雅·四牡或采薇			
	襄廿四年	子產	小雅·南山有台 大雅·大明			
	襄廿九年	子展	小雅·四牡或采薇			
	襄廿九年	子大叔	小雅·正月			

〔註2〕 張素卿：《左傳稱詩研究》，頁116～118。
〔註3〕 張素卿：《左傳稱詩研究》，頁118。

	襄廿九年	裨諶	小雅・巧言			
	昭四年	子展	逸詩（詩曰：禮義不愆，何恤於人言？）			
	昭廿四	子大叔	小雅・蓼莪			
	哀五年	子思	大雅・嘉樂 商頌・殷武			
陳	莊廿二年	公子完	逸詩（詩云：翹翹車乘，招我以弓，豈不欲往，畏我友朋。）	1	1	1
齊	閔元年	管仲	小雅・出車	6	10	4
	成二年	賓媚人（國佐）	大雅・既醉 小雅・信南山 商頌・長發			
	昭十年	桓子	大雅・文王			
	昭二十年	晏子	商頌・烈祖 豳風・狼跋			
	昭廿六年	晏子	大雅・大明 逸詩（詩曰：我無所監，夏后及商，用亂之故，民卒流亡。）			
	昭廿六年	晏子	小雅・車舝			
晉	僖五年	士蒍	大雅・板	35	42	23
	僖十五年	韓簡	小雅・十月之交			
	僖卅三年	臼季	邶風・谷風			
	文二年	趙衰	大雅・文王			
	宣二年	士季	大雅・蕩 大雅・烝民			
	宣二年	趙盾	邶風・雄雉			
	宣十一年	郤成子	周頌・賚			
	宣十二年	士會（隨武子）	周頌・酌 周頌・武			
	宣十五年	羊舌職	大雅・文王			
	宣十六年	羊舌職	小雅・小旻			
	宣十七年	范武子（士會）	小雅・巧言			
	成十二年	郤至	周南・兔罝 周南・兔罝			
	襄七年	穆子（公族大夫）	召南・行露 小雅・節南山 小雅・小明			
	襄十一年	魏絳	小雅・采薇			

	襄十四年	士鞅（范獻子）	召南‧甘棠			
	襄廿一年	叔向	逸詩（詩云：優哉游哉，聊以卒歲。）			
	襄廿一年	叔向	大雅‧抑			
	襄廿一年	祈奚	周頌‧烈文			
	襄廿七年	趙孟（趙武、趙文子）	小雅‧桑扈			
	襄卅一年	叔向	大雅‧板			
	昭元年	趙孟	大雅‧抑			
	昭元年	樂王鮒	小雅‧小旻			
	昭元年	叔向	小雅‧正月			
	昭元年	叔向	大雅‧烝民			
	昭二年	叔向	大雅‧民勞			
	昭六年	叔向	周頌‧我將 大雅‧文王			
	昭六年	叔向	小雅‧角弓			
	昭七年	晉平公	小雅‧十月之交			
	昭七年	晉大夫	小雅‧常棣 小雅‧常棣			
	昭七年	士文伯（伯瑕）	小雅‧北山			
	昭八年	叔向	小雅‧雨無正			
	昭廿六年	司馬叔游	大雅‧板			
	昭廿八年	成鱄	大雅‧皇矣			
	昭卅二年	史墨	小雅‧十月之交			
	哀二年	樂丁	大雅‧緜			
魯	僖廿二年	臧文仲	小雅‧小旻 周頌‧敬之	16	19	9
	文十五年	季文子	小雅‧雨無正 周頌‧我將			
	成四年	季文子	周頌‧敬之			
	成七年	季文子	小雅‧節南山			
	成八年	季文子	衛風‧氓 大雅‧板			
	襄七年	叔孫豹（穆叔）	召南‧羔羊			
	襄十年	孟獻子	邶風‧簡兮			
	襄廿八年	穆叔（叔孫豹）	召南‧采蘋			
	昭四年	申豐	豳風‧七月			

	昭九年	叔孫婼	大雅·靈台		
	昭十年	臧武仲	小雅·鹿鳴		
	昭十年	叔孫婼	小雅·正月		
	昭十六	孫叔婼	小雅·雨無正		
	昭廿一	孫叔婼	大雅·嘉樂		
	定十年	駟赤	唐風·揚之水		
	哀廿六年	子贛（子貢）	周頌·烈文		
宋	僖十九年	子魚	大雅·思齊	4	4	4
	文七年	樂豫	王風·葛藟		
	昭六年	向戌	大雅·板		
	昭廿五年	樂祈	大雅·瞻卬		
秦	僖九年	公孫枝（子桑）	大雅·皇矣 大雅·抑	2	3	2
	文元年	秦穆公	大雅·桑柔		
楚	文十年	子舟（文之無畏）	大雅·烝民 大雅·民勞	11	15	10
	宣十二年	孫叔	小雅·六月		
	宣十二年	楚莊王	周頌·時邁 周頌·武 周頌·賚 周頌·桓		
	成二年	申叔跪	鄘風·桑中		
	成二年	子重	大雅·文王		
	成十六年	申叔時	周頌·思文		
	昭七年	無宇	小雅·北山		
	昭十二年	子革	逸詩（詩曰：祈招之愔愔，式昭德音，思我王度，式如玉，式如金，形民之力，而無醉飽之心。）		
	昭廿三年	沈尹戌	大雅·文王		
	昭廿四年	沈尹戌	大雅·桑柔		
	定四年	鄖公辛	大雅·烝民		
衛	成十四年	甯惠子	小雅·桑扈	7	10	4
	襄廿五年	大叔儀（大叔文子）	小雅·小弁 大雅·烝民		
	襄卅一年	北宮文子	大雅·桑柔		
	襄卅一年	北宮文子	大雅·蕩		

	襄卅一年	北宮文子	大雅・抑			
	襄卅一年	北宮文子	邶風・柏舟 大雅・既醉 大雅・皇矣			
	昭卅二年	彪傒	大雅・板			
蔡	襄廿六年	聲子	大雅・瞻卬 商頌・殷武	1	2	1

　　從「時人引詩表」所顯示周王室和各諸侯國的引詩情況，其透露出的重要訊息是引詩活動多集中於鄭、晉、魯、楚四國，其中又以晉國最爲頻繁，此現象自然與當時晉國居於霸主之地位有著明顯的關係。而各國所引的詩篇是以〈雅〉、〈頌〉爲主。〈大雅〉40 詩次，〈小雅〉43 詩次，〈周頌〉、〈商頌〉共 18 詩次，合計（101 篇）共佔總引詩篇數（123 篇）的 82.1%。

二、仲尼引詩表

紀　　年	引　詩　篇　章	事　次	詩　次
宣九年	大雅・板		
昭五年	大雅・抑		
昭七年	小雅・鹿鳴		
昭十三年	小雅・南山有台	6	7
昭二十年	大雅・民勞 商頌・長發		
昭廿八年	大雅・文王		

三、君子引詩表

紀　　年	引　詩　篇　章	事　次	詩　次
隱元年	大雅・既醉		
隱三年	召南・采蘩 召南・采蘋 大雅・泂酌 大雅・行葦	36	50
隱三年	商頌・玄鳥		
桓十二年	小雅・巧言		
莊六年	大雅・文王		

僖九年	大雅・抑	
僖十二年	大雅・旱麓	
僖二十年	召南・行露	
僖廿四年	曹風・候人 小雅・小明	
僖廿八年	大雅・民勞	
文二年	小雅・巧言 大雅・皇矣	
文二年	魯頌・閟宮 邶風・泉水	
文三年	召南・采蘩 大雅・烝民 大雅・文王有聲	
文四年	周頌・我將	
文四年	大雅・皇矣	
文六年	大雅・瞻卬	
宣二年	小雅・角弓	
宣十二年	小雅・四月	
成二年	大雅・假樂	
成八年	大雅・旱麓	
成九年	逸詩（詩曰：雖有絲麻，無棄菅蒯，雖有姬姜，無棄蕉萃，凡百君子，莫不代匱。）	
襄二年	大雅・抑 周頌・豐年	
襄三年	小雅・裳裳者華	
襄五年	逸詩（詩曰：周道挺挺，我心扃扃，講事不令，集人來定。）	
襄十三年	大雅・文王 小雅・北山	
襄十三年	小雅・節南山	
襄十四年	小雅・都人士	
襄十五年	周南・卷耳	
襄廿二年	大雅・抑	
襄廿七年	鄭風・羔裘 周頌・維天之命	

襄三十年	大雅・文王 逸詩（又曰：淑慎爾止，無載爾僞。）	
昭元年	周頌・烈文	
昭三年	小雅・巧言	
昭三年	鄘風・相鼠	
定九年	邶風・靜女 鄘風・干旄 召南・甘棠	
定十年	鄘風・相鼠	

　　依「君子引詩表」所顯示，引〈大雅〉爲 18 詩次，引〈小雅〉爲 10 詩次，〈頌〉爲 6 詩次，〈國風〉爲 13 詩次，另有「逸詩」3 首。君子引詩多於平時對答言談之際隨口徵引，因此，〈風〉、〈雅〉、〈頌〉之詩都含括在內，也顯示出詩篇運用的範圍更爲廣泛。

四、引詩統計表

世次 國別	隱	桓	莊	閔	僖	文	宣	成	襄	昭	定	哀	總計
周					2 (3)					1 (1)			3 (4)
鄭		1 (1)							7 (8)	2 (2)		1 (2)	11 (13)
陳			1 (1)										1 (1)
齊				1 (1)			1 (3)		4 (6)				6 (10)
晉					3 (3)	1 (1)	7 (9)	1 (2)	8 (10)	14(16)		1 (1)	35 (42)
魯					1 (2)	1 (2)		3 (4)	3 (3)	6 (6)	1 (1)	1 (1)	16 (19)
宋					1 (1)	1 (1)			2 (2)				4 (4)
秦					1 (2)	1 (1)							2 (3)
楚						1 (2)	2 (5)	3 (3)	4 (4)	1 (1)			11 (15)
衛							1 (1)	5 (8)	1 (1)				7 (10)
蔡									1 (2)				1 (2)
仲尼							1 (1)			5 (6)			6 (7)
君子	3 (6)	1 (1)	1 (1)		5 (6)	6 (10)	2 (2)	3 (3)	10(14)	3 (3)	2 (4)		36 (50)
事次	3	2	2	1	13	11	12	12	34	42	4	3	139
詩次	(6)	(2)	(2)	(1)	(17)	(17)	(17)	(16)	(45)	(47)	(6)	(4)	(180)

從「引詩統計表」可觀察出幾個面向：

其一，春秋時代，依隱公、桓公、莊公、閔公、僖公、文公、宣公、成公、襄公、昭公、定公、哀公的世次，引詩活動起於隱公元年（722B.C.），終於哀公廿六年（469B.C.），歷時約254年的時間，與整個春秋時期（自平王東遷洛邑770B.C.到453B.C.）幾乎是相始終。

其二，引詩活動總計139次，所引之詩達180篇，包含周王朝以及鄭、陳、齊、晉、魯、宋、秦、楚、衛、蔡等國。

其三，以國別論，引詩活動最頻繁者，依次序為晉國第一，佔35次，引詩42篇；其次為魯國，佔16次，引詩19篇。而因為孔子是魯國人，若再加上「仲尼引詩」，則魯國引詩佔22次，引詩26篇；第三為鄭國、楚國，各佔11次，引詩分別為13篇及15篇。四者（加上「仲尼引詩」）佔總次數（139次）的56.8%，總篇數（180篇）的53.3%。另外，託名為「君子」的引詩次數為36次，引詩50篇，佔總次數（139次）的25.9%，總篇數（180篇）的27.8%。

其四，以世序論，與賦詩相同的是，引詩活動亦多在襄公、昭公之時，襄公時佔34次，昭公時42次，二者佔總次數（139次）的54.7%。

考其原因，由於《詩》與周代禮樂制度之間不可分割的緊密聯繫，賦詩與引詩的行為本身，也透露出崇尚禮樂的意義。齊桓公之後，在晉、楚兩國長期的爭霸過程中，出於借助周王室的影響以求得諸侯的支持等目的，晉、楚兩國皆重視和推行周王室的禮樂文化並在實際中加以應用的事實，應是推動賦引風氣在春秋中期以後出現高潮的根本原因。當周王室的禮樂文化受到晉楚等國的重視且確實能夠發揮實際的政治作用時，夾在晉楚之間成為二國爭奪重點的鄭國，自然也就成了賦引風氣盛行的地區。而當周王室的政治影響力隨著其實際地位的淪喪而減弱乃至於消失時，其禮樂文化的影響力也就隨之下降，「聘問歌詠」現象的消亡也就成為歷史發展的必然結果。〔註4〕

同樣屬於周代禮樂文化發生影響的重要表現方式，為什麼賦詩言志之風隨著周禮的崩潰迅速地退出了歷史舞台，而引詩風氣卻在經歷了魯定公時代的低谷期後，能夠在哀公時代重新出現於《左傳》記載中，並最終在諸子著述中得到了持久的延續呢？這是由於賦詩、引詩這兩種用詩方式各自不同的

〔註4〕馬銀琴：〈春秋時代賦引風氣下《詩》的傳播與特點〉，《中國詩歌研究》（2004年），頁166。

特點造成的。賦詩言志仍然是一種儀式性與音樂性都比較濃厚的行為，它對禮樂儀式的依賴決定了它隨同崩潰的禮樂制度一起消亡的命運。而言語引詩一開始就是一種立足於歌辭、完全脫離了禮樂儀式的限制、從而具有最大自由度，可以在任何場合出現的用詩方法。〔註5〕

第二節　言語引詩方法

言語引詩的方法，參佐學者奚敏芳、林耀潾的分類，一曰直用詩義，二曰闡發（引申）詩義，三曰引詩譬喻，四曰斷章取義。

一、直用詩義

依照所引詩的原意，直接引證。如《左傳》桓公十二年，引〈小雅·巧言〉之三章：

> 十二年，夏，盟于曲池，平杞、莒也。公欲平宋鄭。秋，公及宋公盟于句瀆之丘。宋成未可知也，故又會于虛；冬，又會于龜。宋公辭平，故與鄭伯盟于武父，遂帥師而伐宋，戰焉，宋無信也，君子曰：「苟信不繼，盟無益也。《詩》云：『君子屢盟，亂是用長。』無信也。」〔註6〕

魯桓公為宋、鄭二國進行調解，然與宋多次結盟，宋莊公仍無誠意且拒絕講合，因此魯、鄭結盟領兵攻打宋國。君子引詩「君子屢盟，亂是用長」以評論盟而無信的後果，就是自取禍亂。

又如《左傳》昭公元年，引〈大雅·烝民〉之五章：

> （楚）子干奔晉。從車五乘，叔向使與秦公子同食，皆百人之饎。趙文子曰：「秦公子富。」叔向曰：「底祿以德，德鈞以年，年同以尊。公子以國，不聞以富。且夫以千乘去其國，彊禦已甚。《詩》曰：『不侮鰥寡，不畏彊禦。』秦、楚匹也。」使后子與子干齒。〔註7〕

楚公子子干出逃到晉國，叔向不因秦公子富有而讓二者的食祿有高低差異，並引詩「不侮鰥寡，不畏彊禦」，表現出不欺弱寡、不畏強權的氣度。

〔註5〕馬銀琴：〈春秋時代賦引風氣下《詩》的傳播與特點〉，頁166。
〔註6〕晉·杜預注，唐·孔穎達等正義：《春秋左傳正義》，卷7，頁123～124。
〔註7〕晉·杜預注，唐·孔穎達等正義：《春秋左傳正義》，卷41，頁710。

二、闡發詩義

引詩評論詩人、事，不只徵引詩句，有時也會闡發詩義。如《左傳》襄公十一年，引〈小雅・采菽〉之四章：

> 晉侯以樂之半賜魏絳，曰：「子教寡人和諸戎狄以正諸華，八年之中，九合諸侯，如樂之和，無所不諧，請與子樂之。」辭曰：「夫和戎狄，國之福也。八年之中，九合諸侯，諸侯無慝，君之靈也，二三子之勞也，臣何力之有焉？抑臣願君安其樂而思其終也。《詩》曰：『樂只君子，殿天子之邦。樂只君子，福祿攸同。便蕃左右，亦是帥從。』夫樂以安德，義以處之，禮以行之，信以守之，仁以屬之，而後可以殿邦國、同福祿、來遠人，所謂樂也。〔註8〕

晉悼公重振霸業後，魏絳為避免悼公貪圖安樂而懈怠，引詩來說明音樂、道義、禮儀、信用、仁愛之重要，同享福祿，使遠方的人歸服，且規勸悼公要居安思危，才能有備無患。

三、引詩譬喻

《禮記・學記》云：「不學博依，不能安詩。」〔註9〕引詩時，藉用詩句作為比喻之用，以闡明事理。譬喻方法可分為明喻的「比」及具隱喻性質的「興」。「比」的手法清晰可辨，然而，「興」的手法較為隱晦，後人在分析時常容易將「興」的手法誤解為「斷章取義」，認為與詩本義無關。實則，「興」的隱喻性質，可視之為詩本義的引申。如此一來，賦詩或引詩的適用範疇更為寬廣，且其實用性及應用的價值更得以凸顯。

「比」的例子，如《左傳》昭公三十二年，引〈小雅・十月之交〉之三章：

> 趙簡子問於史墨曰：「季氏出其君，而民服焉，諸侯與之；君死於外而莫之或罪，何也？」對曰：「物生有兩、有三、有五、有陪貳。故天有三辰，地有五行，體有左右，各有妃耦，王有公，諸侯有卿，皆有貳也。天生季氏，以貳魯侯，為日久矣。民之服焉，不亦宜乎！魯君世從其失，季氏世脩其勤，民忘君矣。雖死於外，其誰矜之？社稷無常奉，君臣無常位，自古以然。故《詩》曰：『高岸為谷，深

〔註8〕晉・杜預注，唐・孔穎達等正義：《春秋左傳正義》，卷31。頁547。
〔註9〕漢・鄭玄注，唐・孔穎達等注疏：《禮記・學記》，卷36，頁651。

　　　　谷爲陵。』三后之姓，於今爲庶，王所知也。」〔註10〕

史墨分析魯君失國及季氏得民心的原因，在於「魯君世從其失，季氏世修其勤」，並引詩「高岸爲谷，深谷爲陵」爲喻，說明「社稷無常奉，君臣無常位」的道理。

　　「興」的例子，如《左傳》昭公十六年，賦〈鄭風・蘀兮〉：

　　　　夏，四月，鄭六卿餞宣子於郊。宣子曰：「二三君子請皆賦，起亦以
　　　　知鄭志。」……，子柳賦〈蘀兮〉。〔註11〕

《左傳》本文，鄭國六卿爲晉韓起餞行，韓起請六卿賦詩以知鄭國之志。子柳賦〈蘀兮〉，表示倡和之意。〈蘀兮〉一詩云：「蘀兮蘀兮，風其吹女。叔兮伯兮，倡予和女。蘀兮蘀兮，風其漂女。叔兮伯兮，倡予要女。」〈毛序〉以此爲刺忽之詩，君弱臣強，不倡而和。王禮卿先生釋之曰：「此詩以槁葉待風吹而後落，興人臣待君令而後行，亦即臣待君倡而後和。此詩正面之義。……鄭則君弱臣強，不倡而和，爲忽之失政。乃詩反面之義。故序明其旨，著其爲刺忽之詩。」〔註12〕《左傳》子柳賦此，意謂小國之倡和大國，是爲「興」用法之「引申義」。

四、斷章取義

　　引詩時，可摘取一至數句或一章至數章爲用，有時並未顧及詩篇原意，多數學者將之視爲春秋賦詩、引詩的最大特色。

　　《左傳》中的「斷章取義」雖不乏其例，然而，被視爲「斷章取義」者，是否眞如學者所研判已爲確例？是否仍有討論空間？是否可能爲詩的隱喻、引申意涵？這是值得開發、值得進一步去探究的新境域。

　　以下三、四、五節即針對《左傳》中的引詩，將之區分爲三大面向：其一，《左傳》引詩用了《詩》本義；其二，《左傳》引詩用了《詩》的引申義；其三，《左傳》引詩者自己斷章取義，用了自創意。並依時間年代順序，先引《左傳》引詩的記載，再敘《詩序》內容，而後統合探討、判定兩者之間的關聯性。如此一來，綱舉目張，主題更顯明確。

〔註10〕晉・杜預注，唐・孔穎達等正義：《春秋左傳正義》，卷53，頁933。
〔註11〕晉・杜預注，唐・孔穎達等正義：《春秋左傳正義》，卷47，頁828〜829。
〔註12〕王禮卿：《四家詩恉會歸》，頁676〜677。

第三節　《左傳》引詩用了《詩》本義

一、閔公元年

> 狄人伐邢。管敬仲言於齊侯曰：「戎狄豺狼，不可厭也；諸夏親暱，
> 不可棄也；宴安酖毒，不可懷也。《詩》云：『豈不懷歸？畏此簡書。』
> 簡書，同惡相恤之謂也。請救邢以從簡書。」齊人救邢。〔註13〕

　　《左傳》本文，狄人攻打邢國。管仲告訴齊桓公：「戎狄如豺狼，貪得無
饜；中原各諸侯國是兄弟之邦，不可遺棄。」並引〈出車〉「豈不懷歸，畏此
簡書」說明要同仇敵愾、患難與共，希望桓公出兵救邢。

　　〈出車〉一詩，〈毛序〉謂：「勞還率也。」蓋以文王命將伐玁狁西戎，
凱旋後，專勞諸將之作。全篇皆託爲將率之辭，以道其爲國憂勞，急赴國難
之功。〔註14〕「豈不懷歸，畏此簡書」二句是說明畏此簡書告急，所以奔命
往赴。《左傳》管仲引此，是希望桓公「同惡相恤」往救邢於難。此處引詩，
是爲詩之本義。

二、文公六年

> 秦伯任好卒，以子車氏之三子奄息、仲行、鍼虎爲殉，皆秦之良也。
> 國人哀之，爲之賦〈黃鳥〉。君子曰：「秦穆之不爲盟主也宜哉！死
> 而棄民。先王違世，猶詒之法，而況奪之善人乎？《詩》曰：『人之
> 云亡，邦國殄瘁。』無善人之謂，若之何奪之？〔註15〕

　　《左傳》本文，秦穆公去世，用秦國三位傑出人物奄息、仲行、鍼虎陪
葬。時之君子引〈瞻卬〉「人之云亡，邦國殄瘁」批評穆公不爲子孫設想而奪
去良善之人，是國家的損失。

　　〈瞻卬〉一詩，〈毛序〉言：「凡伯刺幽王大壞也。」幽王失德，以致賢
人避世奔亡，天下之人皆感憂患。「人之云亡，邦國殄瘁」二句，意指賢人受
迫奔亡，使國家衰敗疲困。《左傳》君子引此，表達對穆公以人殉死使國家「無
善人」的不滿。此處引詩，是取「詩本義」。

〔註13〕晉・杜預注，唐・孔穎達等正義：《春秋左傳正義》，卷11，頁187。
〔註14〕王禮卿：《四家詩恉會歸》，頁1109。
〔註15〕晉・杜預注，唐・孔穎達等正義：《春秋左傳正義》，卷19，頁313～314。

三、成公二年

> 晉師從齊師，入自丘輿，擊馬陘。齊侯使賓媚人賂以紀甗、玉磬與地。「不可，則聽客之所爲。」賓媚人致賂，晉人不可，曰：「必以蕭同叔子爲質，而使齊之封內盡東其畝。」對曰：「蕭同叔子非他，寡君之母也。若以匹敵，則亦晉君之母也。吾子布大命於諸侯，而曰必質其母以爲信，其若王命何？且是以不孝令也。《詩》曰：『孝子不匱，永錫爾類。』若以不孝令於諸侯，其無乃非德類也乎？先王疆理天下，物土之宜而布其利。故《詩》曰：『我疆我理，南東其畝。』今吾子疆理諸侯，而曰『盡東其畝』而已，唯吾子戎車是利，無顧土宜，其無乃非先王之命也乎？反先王則不義，何以爲盟主？其晉實有闕。四王之王也，樹德而濟同欲焉。五伯之霸也，勤而撫之，以役王命。今吾子求合諸侯，以逞無疆之欲。《詩》曰：『布政優優，百祿是遒。』子實不優，而棄百祿，諸侯何害焉？〔註16〕

《左傳》本文，齊頃公逃回國都，晉軍追到離齊國首都五十里的地方，齊侯派遣賓媚人（上卿國佐）送財禮去與晉講和。晉郤克卻提出以齊侯的母親爲人質及齊國境內田壟全部改成東西向來作爲議和的兩個條件。賓媚人引詩「孝子不匱，永錫爾類」來說明如果晉用不孝號令天下諸侯，那麼恐怕不是道德的準則，又如何能做盟主呢？

〈既醉〉一詩，「以成王祭畢而饗燕，盡禮以待群臣，爲飽之以德，故人皆有士君子之行，而呈太平之治。」〔註17〕「孝子不匱，永錫爾類」是在「美成王爲先王之孝子，進言其孝行永不竭盡，故以其善道，施予人人」。〔註18〕《毛傳》云：「類，善也。」並非解釋爲「族類」。《左傳》文中云：「若以不孝令於諸侯，其無乃非德類也乎？」陳奐謂：

> 類亦德也，引詩以譏晉人之不孝。……義取不匱，原有廣施及人之意，孝子有是善，祖考長予之以善，故《國語》謂「不忝前哲」以釋此詩之類也。類字皆不作族類解。〔註19〕

此處引詩，是取資詩本義而來，希望晉侯能仿效成王，以其孝行善道廣施天

〔註16〕晉‧杜預注，唐‧孔穎達等正義：《春秋左傳正義》，卷25，頁425～426。
〔註17〕王禮卿：《四家詩恉會歸》，頁1641。
〔註18〕王禮卿：《四家詩恉會歸》，頁1643。
〔註19〕陳奐：《詩毛氏傳疏》，卷24，頁10。

下之人。

四、襄公八年

> 冬，楚子囊伐鄭，討其侵蔡也。子駟、子國、子耳欲從楚，子孔、
> 子蟜、子展欲待晉。子駟曰：「〈周詩〉有之曰：『俟河之清，人壽幾
> 何？兆云詢多，職競作羅。』謀之多族，民之多違，事滋無成。民
> 急矣，姑從楚以紓吾民。晉師至，吾又從之。敬共幣帛，以待來者，
> 小國之道也。犧牲玉帛，待於二竟，以待彊者，而庇民焉。寇不爲
> 害，民不罷病，不亦可乎？」子展曰：「小所以事大，信也。小國無
> 信，兵亂日至，亡無日矣。五會之信，今將背之，雖楚救我，將安
> 用之？親我無成，鄙我是欲，不可從也，不如待晉。晉君方明，四
> 軍無闕，八卿和睦，必不棄鄭。楚師遼遠，糧食將盡，必將速歸，
> 何患焉？舍之聞之：杖莫如信，完守以老楚，杖信以待晉，不亦可
> 乎？」子駟曰：「《詩》云：『謀夫孔多，是用不集。發言盈庭，誰敢
> 執其咎？如匪行邁謀，是用不得于道。』請從楚，騑也受其咎。」
> 〔註20〕

《左傳》本文，楚國進攻鄭國，鄭國的子駟、子國、子耳主張順從楚，
子孔、子蟜、子展主張要等待晉國來救援。子駟引〈周詩〉：「俟河之清，人
壽幾何？兆云詢多，職競作羅。」以說明謀議太多就等於自結網羅，事情反
而更難成功，表明要自行專斷決定先順從楚國以紓緩人民的苦難，等晉師來
到再轉而依附晉軍。然而子展反對，認爲小國事奉大國的方法就是守信用，
若鄭國背棄與晉國五次會盟的誓約，那麼禍亂將隨之而來。子駟聽了之後，
再引〈小雅・小旻〉：「謀夫孔多，是用不集。發言盈庭，誰敢執其咎。如匪
行邁謀，是用不得于道。」〔註21〕再次強調謀議的人太多，事情將永遠辦不
妥，因此自行決定順從楚，且願意承擔起罪責。

〈小旻〉一詩，〈毛序〉言：「〈小旻〉，大夫刺幽王也。」〔註22〕依王禮
卿先生的解釋，「此蓋大夫見幽王君臣於謀國之議，善惡顛倒；爲謀者亦無決
是非之能，任咎責之忠；既非法古可常之道，唯爭淺近之論；由其所用非賢，

〔註20〕晉・杜預注，唐・孔穎達等正義：《春秋左傳正義》，卷30，頁520～521。
〔註21〕漢・鄭玄箋，唐・孔穎達等正義：《毛詩正義》，頁412～413。
〔註22〕漢・鄭玄箋，唐・孔穎達等正義：《毛詩正義》，頁412。

而又忽於小人黨爭之危國。故歷陳謀議之失，終以全賢才畏小人之諷，此詩之所為作也。」〔註23〕而第三章「謀夫孔多」此六句，則說明謀議的人太多，卻無能定其是非，因此事情終究無法成功。《左傳》此處引詩，正是依《詩》本義來說解。

五、襄公十三年

> 晉國之民是以大和，諸侯遂睦。君子曰：「讓，禮之主也。范宣子讓，
> 其下皆讓。欒黶為汰，弗敢違也。晉國以平，數世賴之，刑善也夫。
> 一人刑善，百姓休和，可不務乎？《書》曰：『一人有慶，兆民賴之，
> 其寧惟永。』其是之謂乎！周之興也，其《詩》曰：『儀刑文王，萬
> 邦作孚。』言刑善也。及其衰也，其《詩》曰：『大夫不均，我從事
> 獨賢。』言不讓也。世之治也，君子尚能而讓其下，小人農力以事
> 其上，是以上下有禮，而讒慝黜遠，由不爭也，謂之懿德。〔註24〕

《左傳》本文，晉悼公治兵於綿上，晉國將帥各以他人為賢而互相謙讓，上賢下效，因此百姓和順，諸侯和睦，使晉國上下團結一心。時之君子引《尚書》：「一人有慶，兆民賴之，其寧惟永。」〔註25〕說明國君取法善行，萬民都將受益，國家自然長治久安，正如同《詩》所謂的「儀刑文王，萬邦作孚」，〔註26〕效法周文王之懿德，萬邦因此信任他。又引〈小雅・北山〉：「大夫不均，我從事獨賢。」〔註27〕反面論述天下動亂時，上下無禮，互不謙讓而矜耀己功，國家敗亡之跡亦由此而生。

〈文王〉一詩，〈毛序〉謂：「文王受命作周也。」「儀刑文王，萬邦作孚」二句，鄭《箋》云：「儀法文王之事，則天下咸信而順之。」〔註28〕說明效法文王順天之道的懿行，則天下人都將信服之。《左傳》君子引此，是取「詩本義」來申明「刑善」的道理。

〈北山〉一詩，〈毛序〉言：「大夫刺幽王也。役使不均，己勞於從事，而不得養其父母焉。」其中「大夫不均，我從事獨賢」二句，鄭《箋》云：「王

〔註23〕王禮卿：《四家詩恉會歸》，頁1283。
〔註24〕晉・杜預注，唐・孔穎達等正義：《春秋左傳正義》，卷32，頁555。
〔註25〕《尚書・周書》，卷19，頁300。
〔註26〕漢・鄭玄箋，唐・孔穎達等正義：《毛詩正義》，頁537。
〔註27〕漢・鄭玄箋，唐・孔穎達等正義：《毛詩正義》，頁444。
〔註28〕漢・鄭玄箋，唐・孔穎達等正義：《毛詩正義》，頁537。

不均大夫之使，而專以我有賢才之故，獨使我從事於役。自苦之辭。」〔註29〕詩在敘述勞逸不均的現象而發出的不平之鳴。而《左傳》君子引此，是說明「不讓」之義，杜注云：「稱己之勞以爲獨賢，無讓心。」〔註30〕因此，此處引詩，是爲「斷章取義」。〔註31〕

六、襄公二十四年

> 范宣子爲政，諸侯之幣重，鄭人病之。二月，鄭伯如晉，子產寓書於子西，以告宣子，曰：「子爲晉國，四鄰諸侯，不聞令德，而聞重幣，僑也惑之。僑聞君子長國家者，非無賄之患，而無令名之難。夫諸侯之賄，聚於公室，則諸侯貳；若吾子賴之，則晉國貳。諸侯貳則晉國壞，晉國貳則子之家壞，何沒沒也？將焉用賄？夫令名，德之輿也；德，國家之基也。有基無壞，無亦是務乎？有德則樂，樂則能久。《詩》云：『樂只君子，邦家之基。』有令德也夫！『上帝臨女，無貳爾心。』有令名也夫！恕思以明德，則令名載而行之，是以遠至邇安。〔註32〕

《左傳》本文，晉范宣子職掌國政，諸侯朝見晉國時都必須進獻很多的貢品，鄭國深爲之患。之後鄭簡公到晉國，子產請託子西帶書信給范宣子。信中將「重幣」與「令名」、「令德」對舉，指出「重幣」的後果將導致諸侯及人民的背離、懷有二心；只有「令名」、「令德」才是立國的基礎，並引〈南山有台〉：「樂只君子，邦家之基。」來說明美德的重要性，再引〈大明〉：「上帝臨女，無貳爾心。」表示有好的名聲就能播揚遠方，使近悅遠來，沒有二心。

〈南山有台〉一詩，〈毛序〉以此爲樂得賢者，爲邦家立太平之基。「樂只君子，邦家之基」是說君子之美德，足爲國家之基。《左傳》子產引此，是取「詩本義」來勸諫范宣子。

〈大明〉一詩，〈毛序〉謂：「文王有明德，故天復命武王也。」「上帝臨女，無貳爾心」是武王伐紂時對將士的誓詞，意謂上帝鑒臨於你們，毋懷有

〔註29〕漢・鄭玄箋，唐・孔穎達等正義：《毛詩正義》，頁444。
〔註30〕晉・杜預注，唐・孔穎達等正義：《春秋左傳正義》，卷32，頁555。
〔註31〕此例應歸入第五節「《左傳》賦詩者自己斷章取義，用了自創意」。而爲了敘述的完整性，筆者將之置於此。
〔註32〕晉・杜預注，唐・孔穎達等正義：《春秋左傳正義》，卷35，頁609～610。

二心。《左傳》子產引此，是藉天帝之威名，在天帝監督之下希望范宣子能明德以行，就會有好名聲使「遠至邇安」，沒有二心。此處引詩，與本義無關，是爲「斷章取義」。〔註33〕

七、襄公三十一年

衛侯在楚，北宮文子見令尹圍之威儀，言於衛侯曰：「令尹似君矣，將有他志。雖獲其志，不能終也。《詩》云：『靡不有初，鮮克有終。』終之實難，令尹其將不免。」公曰：「子何以知之？」對曰：「《詩》云：『敬愼威儀，惟民之則。』令尹無威儀，民無則焉。民所不則，以在民上，不可以終。」公曰：「善哉！何謂威儀？」對曰：「有威而可畏，謂之威，有儀而可象，謂之儀。君有君之威儀，其下畏而愛之，則而象之，故能有其國家，令聞長世。臣有臣之威儀，其下畏而愛之，故能守其官職，保族宜家。順是以下，皆如是，是以上下能相固也。《衛詩》曰：『威儀棣棣，不可選也。』言君臣、上下、父子、兄弟、內外、大小，皆有威儀也。《周詩》曰：『朋友攸攝，攝以威儀。』言朋友之道，必相教訓以威儀也。《周書》數文王之德，曰：『大國畏其力，小國懷其德。』言畏而愛之也。《詩》云：『不識不知，順帝之則。』言則而象之也。紂囚文王七年，諸侯皆從之囚，紂於是乎懼而歸之，可謂愛之。文王伐崇，再駕而降爲臣，蠻夷帥服，可謂畏之。文王之功，天下誦而歌舞之，可謂則之。文王之行，至今爲法，可謂象之。有威儀也。故君子在位可畏，施舍可愛，進退可度，周旋可則，容止可觀，作事可法，德行可象，聲氣可樂，動作有文，言語有章，以臨其下，謂之有威儀也。」〔註34〕

《左傳》本文，北宮文子見楚國令尹公子圍的言語行止，告訴衛襄公說公子圍將有僭越之行，雖能得志，但必不能善終。因《詩經》說：「靡不有初，鮮克有終。」意謂萬事多無法善始善終。又引詩「敬愼威儀，惟民之則」，謂公子圍既無威嚴的儀容，舉止亦不恭敬謹愼，百姓不願效法，便不得善終。《衛詩》曰：「威儀棣棣，不可選也。」是說君臣上下、父子兄弟、內外大小各有

〔註33〕 此例應歸入第五節「《左傳》賦詩者自己斷章取義，用了自創意」。而爲了敘述的完整性，筆者將之置於此。
〔註34〕 晉‧杜預注，唐‧孔穎達等正義：《春秋左傳正義》，卷40，頁689～690。

其威儀容止，不得逾越。人各守其分，則優點說不完。《周詩》曰：「朋友攸攝，攝以威儀。」朋友之間相處，亦用威儀互相勸善規過。再引詩「不識不知，順帝之則」，以周文王爲例，說明文王行事不多所謀慮，只順應天帝的法則。君子行事亦當效法文王，進退有度，容止合宜，使人敬畏而愛之。

〈蕩〉一詩，〈毛序〉以此爲召穆公見厲王無道，天下蕩蕩，無綱紀文章，因而傷周室大壞之詩。「靡不有初，鮮克有終」二句，謂天生眾民，無不有初始之性善，而甚少能終其本性。《左傳》北宮文子引此，預言令尹公子圍雖能獲其志，但必不善終。此處引詩，是爲「引申義」。〔註35〕

〈抑〉一詩，〈毛序〉言：「衛武公刺厲王，亦以自警也。」蓋此詩爲衛武公少年時刺厲王之作，至老猶日誦以自警，兩義兼具。〔註36〕「敬慎威儀，維民之則」二句，謂敬慎其舉動威儀，而爲人民之法則。《左傳》北宮文子引此，評論公子圍無威儀，百姓不願取法。此處引詩，是用「詩本義」。

〈柏舟〉一詩，〈毛序〉以此爲仁而不遇之詩，「威儀棣棣，不可選也」二句，《毛傳》曰：「君子望之儼然可畏，禮容俯仰各有威儀耳。棣棣，富而閑習也，物有其容，不可數也。」〔註37〕《左傳》北宮文子引此，論君臣上下各有其儀止。此處引詩，是取「詩本義」。

〈既醉〉一詩，〈毛序〉以此爲詠太平之作，以成王祭畢而饗宴，盡禮以待群臣，爲飽之以德，故人皆有士君子之行，而呈太平之治。〔註38〕「朋友攸攝，攝以威儀」二句，《毛傳》曰：「言相攝佐者以威儀也。」〔註39〕謂群臣同志好者之間相輔助爲威儀之事。《左傳》北宮文子引此，言「朋友之道，必相教訓以威儀也」，是取「詩本義」。

〈皇矣〉一詩，〈毛序〉以此爲美周室之詩。以周世世脩德莫若文王，謂美周而主歸於文王。〔註40〕「不識不知，順帝之則」是說不待識而自合天志，不待知而自象天行，唯順於上帝之法則也。〔註41〕《左傳》北宮文子引此，是以文王德行爲例，說明在位者亦應如此。此處引詩，是取「詩本義」。

〔註35〕此例應歸入第四節「《左傳》賦詩用了《詩》的引申義」。而爲了敘述的完整性，筆者將之置於此。

〔註36〕王禮卿：《四家詩恉會歸》，頁1709。

〔註37〕漢・鄭玄箋，唐・孔穎達等正義：《毛詩正義》，頁74。

〔註38〕王禮卿：《四家詩恉會歸》，頁1641。

〔註39〕漢・鄭玄箋，唐・孔穎達等正義：《毛詩正義》，頁605。

〔註40〕王禮卿：《四家詩恉會歸》，頁1588。

〔註41〕王禮卿：《四家詩恉會歸》，頁1593。

八、昭公七年

> 楚子之爲令尹也，爲王旌以田，芋尹無宇斷之，曰：「一國兩君，其
> 誰堪之？」及即位，爲章華之宮，納亡人以實之。無宇之閽入焉。
> 無宇執之，有司弗與，曰：「執人於王宮，其罪大矣。」執而謁諸王。
> 王將飲酒，無宇辭曰：「天子經略，諸侯正封，古之制也。封略之內，
> 何非君土？食土之毛，誰非君臣？故詩曰：『普天之下，莫非王土；
> 率土之濱，莫非王臣。』天有十日，人有十等。下所以事上，上所
> 以共神也。〔註42〕

《左傳》本文，楚靈王登上王位之後驕奢淫逸，大造章華之宮，且收納
亡命之徒。芋尹無宇到章華宮捕抓逃走的守門人，卻反而被駐守的官員捉拿。
無宇向楚靈王申述：天子治理天下，諸侯嚴守自己的封疆乃是古代傳統制度。
並引〈北山〉：「普天之下，莫非王土；率土之濱，莫非王臣。」說明依此土
地而生存的人們，都是君王之臣，且天下諸侯以至於平民百姓，各有專司以
處理各種事情。又以商紂之罪責來諷諫靈王應效法周文王及楚文王之善政。

〈北山〉一詩，〈毛序〉言：「大夫刺幽王也。」「普天之下」四句，是表
示王者土地的廣大及臣民的眾多。《左傳》無宇引此，是取「詩本義」而言。

九、昭公二十年

> 大叔爲政，不忍猛而寬。鄭國多盜，取人於萑苻之澤。大叔悔之，
> 曰：「吾早從夫子，不及此。」興徒兵以攻萑苻之盜，盡殺之，盜少
> 止。仲尼曰：「善哉！政寬則民慢，慢則糾之以猛。猛則民殘，殘則
> 施之以寬。寬以濟猛，猛以濟寬，政是以和。《詩》曰：『民亦勞之，
> 汔可小康，惠此中國，以綏四方』，施之以寬也。『毋從詭隨，以謹
> 無良，式遏寇虐，慘不畏明』，糾之以猛也。『柔遠能邇，以定我王』，
> 平之以和也。又曰：『不競不絿，不剛不柔，布政優優，百祿是遒』，
> 和之至也。」〔註43〕

《左傳》本文，鄭子產去世後，由子太叔執政。因行寬政使盜賊增多，
之後興兵殺盡萑苻之盜，盜賊才稍微收斂。孔子引〈大雅·民勞〉首章說明
實施寬政的必要及救寬政缺失的方法，而懷柔遠近才能使國家平和安定。又

〔註42〕晉·杜預注，唐·孔穎達等正義：《春秋左傳正義》，卷44，頁758～759。
〔註43〕晉·杜預注，唐·孔穎達等正義：《春秋左傳正義》，卷49，頁861～862。

引〈商頌・長發〉：「不競不絿，不剛不柔。布政優優，百祿是遒」，說明平和乃是爲政的最高境界，各種福祿也才會降臨。

〈民勞〉一詩，〈毛序〉言：「召穆公刺厲王也。」鄭《箋》云：「厲王，成王七世孫也。時賦斂重數，繇役繁多，人民勞苦，輕爲奸宄，強陵弱，眾暴寡，作寇害，故穆公以刺之。」〔註44〕首章是說人民勞苦，應使百姓安居。惠愛諸夏之民，安定四方夷狄。勿放任奸惡之人並遏止殘賊之行。安撫遠方夷狄並使近者心悅誠服，始可安定國家大業。《左傳》孔子引此，亦用以說明治國之方，是取「詩本義」。

〈長發〉一詩，〈毛序〉言：「大禘也。」是歌頌殷商先祖功德之樂歌。「不競不絿」四句，《正義》曰：「不爭競，不爭躁，不大剛猛，不大柔弱，舉事得其中，敷陳政教則優優而和美。以此之故，百眾之祿於是聚而歸之。」〔註45〕《左傳》孔子引此，論說爲政至和之道，是取「詩本義」。

第四節　《左傳》引詩用了《詩》的引申義

一、隱公三年

> 鄭武公、莊公爲平王卿士。王貳于虢，鄭伯怨王。王曰：「無之。」故周鄭交質。王子狐爲質於鄭，鄭公子忽爲質於周。王崩，周人將畀虢公政。四月，鄭祭足帥師取溫之麥。秋，又取成周之禾。周鄭交惡。君子曰：「信不由中，質無益也。明恕而行，要之以禮，雖無有質，誰能間之？苟有明信，澗、谿、沼、沚之毛，蘋、蘩、蘊、藻之菜，筐、筥、錡、釜之器，潢、汙、行潦之水，可薦於鬼神，可羞於王公，而況君子結二國之信，行之以禮，又焉用質？風有〈采蘩〉、〈采蘋〉，雅有〈行葦〉、〈泂酌〉，昭忠信也。」〔註46〕

《左傳》本文，周平王時，周、鄭互相交換人質約定「無怨與貳」，然而平王死後，周、鄭交惡，因此君子引〈采蘩〉、〈采蘋〉、〈行葦〉、〈泂酌〉來申明忠信的重要。如果心懷虔信之心，即使是澗、谿、沼、沚裡面的蘋、蘩、

〔註44〕漢・鄭玄箋，唐・孔穎達等正義：《毛詩正義》，頁630。
〔註45〕漢・鄭玄箋，唐・孔穎達等正義：《毛詩正義》，頁802。
〔註46〕晉・杜預注，唐・孔穎達等正義：《春秋左傳正義》，卷3，頁51～52。

蘋、藻等微不足道的野菜，用筐、筥、錡、釜尋常器具裝盛，也可以用來供奉先祖、鬼神。周、鄭用人質來制衡彼此，希望取得互相信任，然而，由事實發展來看，若無忠信為基礎，則一切都枉然。

〈采蘩〉一詩，〈毛序〉以此為夫人可以奉祭祀，則不失職矣；〈采蘋〉一詩，〈毛序〉以此為大夫妻能循法度，則可以承先祖，共祭祀；〈行葦〉一詩，〈毛序〉謂周家忠厚，仁及草木，故能內睦九族，外尊事黃耇，養老乞言，以成其福祿焉；〈泂酌〉一詩，〈毛序〉言皇天親有德，饗有道也。四《序》重點都擺在須有誠信、忠厚之心，才能獲上天庇祐，福祿亦自來。《左傳》引這四首詩，都與《序》意相符，只是引而申之，屬「興」用法之「引申義」。

二、隱公三年

> 宋穆公疾，召大司馬孔父而屬殤公焉，曰：「先君舍與夷而立寡人，寡人弗敢忘。若以大夫之靈，得保首領以沒，先君若問與夷，其將何辭以對？請子奉之，以主社稷。寡人雖死，亦無悔焉。」對曰：「群臣願奉馮也。」公曰：「不可。先君以寡人為賢，使主社稷。若棄德不讓，是廢先君之舉也，豈曰能賢？光昭先君之令德，可不務乎？吾子其無廢先君之功！」使公子馮出居於鄭。八月，庚辰，宋穆公卒，殤公即位。君子曰：「宋宣公可謂知人矣。立穆公，其子饗之，命以義夫！〈商頌〉曰：『殷受命咸宜，百祿是荷。』其是之謂乎！」
> 〔註47〕

《左傳》本文，宋宣公將國君之位傳給其弟，是為宋穆公，而沒有傳位給子與夷。當宋穆公病重時，囑託大司馬孔父嘉立其兄宋宣公之子與夷為國君，並遣己子公子馮避居於鄭國，讓宣公之子殤公得以繼位。時之君子引〈商頌〉：「殷受命咸宜，百祿是荷」來讚美宣公讓賢的美德與知人善任，使其德義能延及子孫，其子嗣殤公得以繼位，正是宣公行義以獲得福祿的緣故。

〈玄鳥〉一詩，〈毛序〉言：「祀高宗也。」高宗中興，紹其祖德，正四海之域，而天下歸心，以美高宗繼祖之功德而為樂歌。〔註48〕「殷受命咸宜，百祿是荷」二句是說成湯、武丁相繼承受天命，是依「道義」而行的結果，得以承受天之百福。《左傳》君子引詩，以商之先君讚美宣公之美德，故殤公

〔註47〕晉·杜預注，唐·孔穎達等正義：《春秋左傳正義》，卷3，頁52。
〔註48〕王禮卿：《四家詩恉會歸》，頁1984。

宜荷其祿。此處引詩，跟《序》意原則上相符，只是「興」之用的「引申義」。
《會箋》謂：「此斷章取義。」非也！

三、莊公六年

> 六年，春，王人救衛。夏，衛侯入，放公子黔牟于周，放甯跪于秦，
> 殺左公子洩、右公子職，乃即位。君子以二公子之立黔牟爲不度矣。
> 夫能固位者，必度於本末，而後立衰焉。不知其本，不謀；知本之
> 不枝，弗強。《詩》云：「本枝百世。」〔註49〕

《左傳》本文，衛惠公回到衛國，放逐了公子黔牟，殺了左公子洩、右
公子職。君子認爲二位公子立黔牟爲君沒有先衡量本末，並引〈文王〉「本枝
百世」來說明有本有枝，才能百代強盛。

〈文王〉一詩，〈毛序〉謂文王受命而制立周邦。「本枝百世」是表示文
王子孫，本宗支庶縣延百世。《左傳》君子引此，《正義》曰：「君子以二公子
之立黔牟也，爲不知揆度形勢矣。……若不能知其本之可立與否，則不當謀
之，如似樹木知其根本之弱，不能生長枝葉，以喻所立之人材力劣弱，不能
保有邦國，蕃育子孫，則不須自強立之。」〔註50〕此處引詩，以正面本枝的
繁茂來說明反面根本弱的難有所成，是爲「引申義」。

四、僖公二十二年

> 富辰言於王，曰：「請召大叔。《詩》曰：『協比其鄰，昏姻孔云。』
> 吾兄弟之不協，焉能怨諸侯之不睦？」王說。王子帶自齊復歸于京
> 師，王召之也。〔註51〕

《左傳》本文，富辰告訴周襄王，兄弟之間尚且不融洽，又豈能怨諸侯
不跟王室親睦？並引詩「協比其鄰，昏姻孔云」，勸襄王將其弟大叔從齊國召
回。

〈正月〉一詩，〈毛序〉言：「大夫刺幽王也。」大夫見幽王信讒佞之言，
是非顛倒，致政危國傾，因此痛切陳諷，希冀君王改悔。「協比其鄰，昏姻孔
云」二句，是刺王者但知親睦鄰近、昏姻，德澤卻不能廣被及遠也。《左傳》

〔註49〕晉·杜預注，唐·孔穎達等正義：《春秋左傳正義》，卷8，頁141。
〔註50〕晉·杜預注，唐·孔穎達等正義：《春秋左傳正義》，卷8，頁141。
〔註51〕晉·杜預注，唐·孔穎達等正義：《春秋左傳正義》，卷15，頁247。

富辰引詩，則全用反面之義，勸王和睦鄰近、昏姻。〔註 52〕此處引詩，是為「引申義」。

五、僖公二十八年

城濮之戰，晉中軍風于澤，亡大旆之左旃。祁瞞奸命，司馬殺之，以徇于諸侯，使茅筏代之。師還，壬午，濟河。舟之僑先歸，士會攝右。秋，七月，丙申，振旅，愷以入于晉。獻俘、授馘，飲至、大賞，徵會討貳。殺舟之僑以徇于國，民於是大服。君子謂文公其能刑矣，三罪而民服。《詩》云：「惠此中國，以綏四方。」不失賞刑之謂也。〔註 53〕

《左傳》本文，城濮之戰後，晉軍勝利回國，晉文公論功行賞，且召集諸侯會盟。殺了舟之僑並通報全國，使百姓心悅誠服。君子認為晉文公知治理之術，僅處死三位違命失職之臣，便威服天下，因此引〈民勞〉：「惠此中國，以綏四方」來讚美文公賞罰有度，惠及天下。

〈民勞〉一詩，〈毛序〉言：「召穆公刺厲王也。」厲王時，賦役繁重，人民困苦，奸宄作亂，因而召穆公勸諫必須遏止殘賊之行，安定諸夏，以維護周之王業。「惠此中國，以綏四方」便是說要惠愛百姓，安撫四方諸侯、夷狄。《左傳》君子引詩，讚頌文公賞刑公平，正足以使百姓、諸侯國及夷狄之人嘆服，安定民心。此處引詩，是為「引申義」。

六、文公二年

戰于殽也，晉梁弘御戎，萊駒為右。戰之明日，晉襄公縛秦囚，使萊駒以戈斬之。囚呼，萊駒失戈，狼瞫取戈以斬囚，禽之以從公乘，遂以為右。箕之役，先軫黜之而立續簡伯，狼瞫怒。其友曰：「盍死之。」瞫曰：「吾未獲死所。」其友曰：「吾與女為難。」瞫曰：「《周志》有之：『勇則害上，不登於明堂。』死而不義，非勇也，共用之謂勇。吾以勇求右，無勇而黜，亦其所也。謂上不我知，黜而宜，乃知我矣，子姑待之。」及彭衙，既陳，以其屬馳秦師，死焉。晉師從之，大敗秦師。君子謂：「狼瞫於是乎君子。《詩》曰：『君子如

〔註 52〕 奚敏芳：《左傳賦詩引詩之研究》，頁 155。
〔註 53〕 晉·杜預注，唐·孔穎達等正義：《春秋左傳正義》，卷 16，頁 275～276。

怒，亂庶遄沮。』又曰：『王赫斯怒，爰整其旅。』怒不作亂，而以
從師，可謂君子矣。」秦伯猶用孟明。孟明增脩國政，重施於民。
趙成子言於諸大夫曰：「秦師又至，將必辟之。懼而增德，不可當也。
《詩》曰：『毋念爾祖，聿脩厥德。』孟明念之矣。念德不怠，其可
敵乎？」〔註54〕

《左傳》本文，狼瞫受晉襄公的賞識立為車右以代替萊駒，但並沒有拜
謝元帥先軫，因此在箕一役，被先軫貶黜。狼瞫的朋友欲幫助狼瞫作亂卻遭
拒絕，狼瞫為證明自己的義勇，於是在彭衙之役時大敗秦師，光榮戰死沙場，
因此時之君子引詩讚美狼瞫之怒，是為君子之怒。

〈巧言〉一詩，〈毛序〉言：「大夫傷於讒，故作是詩。」「君子如怒，
亂庶遄沮」是說明君子如果能怒讒喜賢，那麼亂庶很快就可以停止。此處引
詩是頌美狼瞫之怒乃出自義勇，並非〈巧言〉「怒讒言」本義，是為「斷章
取義」。

又引〈大雅·皇矣〉：「王赫斯怒，爰整其旅」，詩在描寫密須氏侵略阮與
共，文王赫然而怒，乃整備軍隊，阻遏密須氏的入侵，使周朝政權得以鞏固。
《左傳》本文，狼瞫雖遭貶黜，然卻怒不作亂，轉而將勇武展現於戰役中，
不惜為國捐軀。這種為公義而付出的精神，兩者是一致的，因此此處引詩，
是為引申義。

秦師在孟明率領之下，兩次與晉交鋒都敗兵而還，秦穆公仍重用孟明。
孟明感於穆公之恩，於是更積極推行國政，恩施天下。晉趙衰得知此消息，
引詩「無念爾祖，聿脩厥德」告訴諸大夫，秦師又將至，且其勢必銳不可擋。
李石《方舟經說》謂：

嗟夫！秦穆公悔過，以不用蹇叔之言，孟明自以屢敗不死，必復雪
其國之深恥，以答穆公之知，此念爾祖之說，晉趙成子所以取之也。
毋念者，念之深也，念祖考之德，以自修其德，晉未可以輕敵也。
〔註55〕

在此之前，秦穆公曾因不聽百里奚及蹇叔的諫言而導致潰敗，因此，重
用孟明即代表悔過，另一方面也激勵了孟明。《詩》本義是說明要追念文王之
德並自我潛心修養，才能永保天命。此處趙衰引詩，亦表示孟明能時刻將「毋

〔註54〕晉·杜預注，唐·孔穎達等正義：《春秋左傳正義》，卷18，頁301～302。
〔註55〕李石：《方舟經說》（北京：中華書局，1985年），卷3，頁48。

念爾祖，聿脩厥德」謹記在心，修養德性，勵精圖治。因此，此處引詩是爲「引申義」。

七、文公四年

夏，衛侯如晉拜，曹伯如晉會正。逆婦姜于齊，卿不行，非禮也。
君子是以知出姜之不允於魯也，曰：「貴聘而賤逆之，君而卑之，立而廢之，棄信而壞其主，在國必亂，在家必亡，不允宜哉。《詩》曰：『畏天之威，于時保之。』敬主之謂也。」〔註56〕

《左傳》本文，魯國到齊國迎娶齊姜，然而魯卻沒有派卿士去迎接，這是不合於禮制的。因此，君子由此推知姜氏在魯國不會受國人敬信，並引〈我將〉「畏天之威，于時保之」說明必須懷具敬畏之心，依禮行事，才能永保福祿。

〈我將〉一詩，〈毛序〉謂：「祀文王於明堂也。」「畏天之威，于時保之」二句，鄭《箋》云：「早夜敬天，於是得安文王之道。」〔註57〕若能敬畏上天的威靈，謹守文王之典，便得以保全福祿。《左傳》君子引詩，說明行聘禮時未依禮而行，之後齊姜亦未得魯人的敬重，無法保全福祿，最後只能回歸齊國終其一生。此處引詩，是爲「引申義」。

八、宣公二年

將戰，華元殺羊食士，其御羊斟不與。及戰，曰：「疇昔之羊，子爲政；今日之事，我爲政。」與入鄭師，故敗。君子謂：「羊斟，非人也，以其私憾，敗國殄民，於是刑孰大焉？《詩》所謂『人之無良』者，其羊斟之謂乎！殘民以逞！」〔註58〕

《左傳》本文，楚國命鄭公子歸生出兵攻打宋國。即將作戰前，宋國華元殺羊犒賞兵士，然而爲他駕車的大夫羊斟卻沒分到羊羹。於是大棘之戰時，羊斟挾帶私怨驅車進入鄭軍戰陣，致使宋軍大敗，華元被俘。因此君子引詩「人之無良」批評羊斟殘害百姓以達到自己的快意！

〈鄘風‧鶉之奔奔〉有「人之無良」句，〈小雅‧角弓〉有「民之無良」句。〈鶉之奔奔‧序〉云：「〈鶉之奔奔〉，刺衛宣姜也。衛人以爲宣姜鶉鵲之

〔註56〕晉‧杜預注，唐‧孔穎達等正義：《春秋左傳正義》，卷18，頁306。
〔註57〕漢‧鄭玄箋，唐‧孔穎達等正義：《毛詩正義》，頁718。
〔註58〕晉‧杜預注，唐‧孔穎達等正義：《春秋左傳正義》，卷21，頁363。

不若也。」〈角弓・序〉云:「〈角弓〉,父兄刺幽王也。不親九族而好讒佞,骨肉相怨,故作是詩也。」,《左傳》原文「人之無良」句,杜注謂:「詩〈小雅〉,義取不良之人,相怨以亡。」〔註59〕從二詩內文來看,再參照羊斟之行,取〈角弓〉之義較符合其實際,況且,「民之無良」一句,《說苑》及《韓詩外傳》「民」字皆作「人」字,二字之義是相同的。《左傳》君子引此,批評羊斟因個人私怨不顧全大局之魯莽,是爲「引申義」。

九、宣公二年

> 晉靈公不君:厚斂以彫牆;從臺上彈人,而觀其辟丸也;宰夫胹熊蹯不熟,殺之,寘諸畚,使婦人載以過朝。趙盾、士季見其手,問其故,而患之。將諫,士季曰:「諫而不入,則莫之繼也。會請先,不入,則子繼之。」三進及溜,而後視之,曰:「吾知所過矣,將改之。」稽首而對曰:「人誰無過,過而能改,善莫大焉。《詩》曰:『靡不有初,鮮克有終。』夫如是,則能補過者鮮矣。君能有終,則社稷之固也,豈惟群臣賴之?又曰:『袞職有闕,惟仲山甫補之。』能補過也。君能補過,袞不廢矣。」猶不改。〔註60〕

《左傳》本文,晉靈公言行不合爲君之道,趙盾、士會爲此感到憂心。士會先往諫,引詩「靡不有初,鮮克有終」來勸諫靈公,說明人們做善事,往往有好的開始卻很少能堅持到底,若靈公改過遷善且有始有終,就是鞏固社稷之道。又引〈大雅・烝民〉:「袞職有闕,惟仲山甫補之」,暗示靈公應當補過,那麼職責就不會荒廢,君位就不會失去。然而靈公依然故我,最後被殺,實在是咎由自取。

〈蕩〉一詩,〈毛序〉言:「厲王無道,天下蕩蕩。」厲王之時,無綱紀,廢法度,政治敗亂,人民怨怒,道路以目,國家幾至傾頹,然而尚不知警惕,因此詩人欲其君聞而知過。「靡不有初,鮮克有終」便是說「降命之初,無有不善,而人少能以善道自終。」〔註61〕

〈烝民〉一詩,〈毛序〉以此爲尹吉甫頌美宣王能任賢使能,使周室中興之詩。全詩雖稱美仲山甫,然而,賢者若無明君拔擢,如同良駒不遇伯樂。

〔註59〕晉・杜預注,唐・孔穎達等正義:《春秋左傳正義》,卷21,頁363。
〔註60〕晉・杜預注,唐・孔穎達等正義:《春秋左傳正義》,卷21,頁364。
〔註61〕朱熹:《詩集傳》,頁207。

因此，表面上是讚美仲山甫之德，實際上則是美宣王也。「衮職有闕，惟仲山甫補之」是說能補王職之闕失。《左傳》宣公二年，士會引此二詩皆是引申詩義而來，是爲「引申義」。

十、成公二年

> 及共王即位，將爲陽橋之役，使屈巫聘於齊，且告師期。巫臣盡室以行。申叔跪從其父，將適郢，遇之，曰：「異哉！夫子有三軍之懼，而又有桑中之喜，宜將竊妻以逃者也。」及鄭，使介反幣，而以夏姬行。〔註62〕

《左傳》本文，楚大夫巫臣告誡楚王及大臣子反，切勿貪求女色納夏姬爲妻妾，說夏姬是不祥的女人，會剋殺丈夫，於是楚王將夏姬讓給襄老作妾。第二年時，襄老果然死於邲之戰，其子黑要又跟夏姬私通。巫臣自己也是個好女色之徒，用計謀讓夏姬得以返回鄭國母家，而後卻趁著出使齊國的機會，在歸返途中偕夏姬出奔至晉國。途中遇到申叔跪，申叔跪說巫臣「有〈桑中〉之喜，宜將竊妻以逃者也」。〈桑中〉一詩是刺衛之公室淫亂，染化爲淫奔之民風，在位者亦相竊妻妾，期於險僻，會於女居，不以淫亂爲恥，反眷懷境事，以抒往復纏綿之情思。〔註63〕《左傳》此處以〈桑中〉爲竊妻之詩，正好與〈序〉義相合，是爲「引申義」。

十一、成公二年

> 蔡侯、許男不書，乘楚車也，謂之失位。君子曰：「位其不可不愼也乎！蔡、許之君，一失其位，不得列於諸侯，況其下乎！《詩》曰：『不解于位，民之攸墍。』其是之謂矣！」〔註64〕

《左傳》本文，陽橋之役時，蔡景公、許靈公乘坐了楚君的戰車而爲左右，《春秋》沒有記載蔡侯、許男，是因爲同爲結盟的諸侯國，卻乘坐楚王的兵車，失去了國君應有的身分地位。因此，時之君子引詩「不解于位，民之攸墍」，強調「位其不可不愼」，處於高位而不懈怠，始能無辱。

〈嘉樂〉一詩，〈毛序〉言：「嘉成王也。」讚美成王有顯顯令德，且受

〔註62〕晉・杜預注，唐・孔穎達等正義：《春秋左傳正義》，卷25，頁428。

〔註63〕王禮卿：《四家詩恉會歸》，頁467。

〔註64〕晉・杜預注，唐・孔穎達等正義：《春秋左傳正義》，卷25，頁430。

天百福。「不解于位，民之攸墍」二句，表示成王及群臣皆不懈怠於己職，是人民的依歸。《左傳》此處引詩，在指責蔡侯、許男的「失位」是「不慎」之「瀆君職」行爲，百姓如何繼續趨附？因此，此處引詩，是爲「引申義」。

十二、成公十四年

> 十四年春，衛侯如晉，晉侯強見孫林父焉，定公不可。夏，衛侯既歸，晉侯使郤犨送孫林父而見之，衛侯欲辭。定姜曰：「不可。是先君宗卿之嗣也，大國又以爲請。不許，將亡。雖惡之，不猶愈於亡乎？君其忍之。安民而宥宗卿，不亦可乎？」衛侯見而復之。衛侯饗苦成叔，甯惠子相，苦成叔傲。甯子曰：「苦成叔家其亡乎！古之爲享食也，以觀威儀、省禍福也，故《詩》曰：『兕觥其觩，旨酒思柔，彼交匪傲，萬福來求。』今夫子傲，取禍之道也。」〔註65〕

《左傳》本文，晉屬公派郤犨送孫林父回衛國，衛定公設了宴禮款待郤犨，甯惠子在一旁做贊禮官。郤犨的態度相當傲慢，因此甯惠子斷言郤犨家族恐怕要滅亡了，並引詩「兕觥其觩，旨酒思柔。彼交匪傲，萬福來求」以證明倨傲無禮是自取禍害。

〈桑扈〉一詩，是刺幽王君臣動無禮文，而懷想古時君臣禮文功德之盛，陳古以刺今。「彼交匪傲，萬福來求」是說態度不倨傲，則萬福如同自求而來。此處《左傳》所引，是由詩本義延伸而來，是爲「引申義」。

十三、襄公二年

> 夏，齊姜薨。初，穆姜使擇美檟，以自爲櫬與頌琴，季文子取以葬。君子曰：「非禮也。禮無所逆，婦，養姑者也。虧姑以成婦，逆莫大焉。《詩》曰：『其惟哲人，告之話言，順德之行。』季孫于是爲不哲矣。且姜氏，君之妣也。詩曰：『爲酒爲醴，烝畀祖妣，以洽百禮，降福孔偕。』」〔註66〕

《左傳》本文，魯成公夫人齊姜去世，季文子卻拿宣公夫人穆姜爲自己準備的棺木來安葬齊姜。君子說這是不合於禮的，因爲損害婆婆的權益而成全了媳婦。並引〈抑〉「其惟哲人，告知話言，順德之行」說明季文子之舉是

〔註65〕晉・杜預注，唐・孔穎達等正義：《春秋左傳正義》，卷27，頁464～465。
〔註66〕晉・杜預注，唐・孔穎達等正義：《春秋左傳正義》，卷29，頁498。

逆禮、逆德、不哲的作法。再引〈豐年〉「爲酒爲醴，烝畀祖妣，以洽百禮，降福孔偕」申明若行事合宜、遵照禮法，上天亦會遍降福氣。

〈抑〉一詩，〈毛序〉言：「衛武公刺厲王，亦以自警也。」此「刺王」及「自警」之說，歷來疑議甚多，而依王禮卿先生的考釋，「蓋衛武公爲世子時，見厲王德失政亂，國將傾覆，因歷陳爲政之道，修德之方，……竝舉父兄師保所教諸學，自警己過，開戒王咎。」〔註67〕「其惟哲人，告知話言，順德之行」三句，表示賢哲之人聽到人告之以善言則順從德之宜去實行。《左傳》君子引此，是論季文子之失禮，「是爲不哲」。此處雖僅取《詩》「其惟哲人」、「順德之行」二句來譏刺季文子，略去「告知話言」一句，然而意義上仍是相符的，因此，此處引詩是爲「引申義」。

〈豐年〉一詩，〈毛序〉以此爲「秋冬報也」。蓋詩人以成王秋冬報祭，爲上帝百神之祀，因述豐年得穀至多，皆由神佑，得以爲酒醴而祭祖。〔註68〕《左傳》君子引「爲酒爲醴」四句，杜注云：「言敬事祖妣則鬼神降福，季孫葬姜氏不以禮，是不敬祖妣。」〔註69〕闡明禮之所宜，並譏諷季文子將不得福佑。此處引詩，是爲「引申義」。

十四、襄公七年

冬，十月，晉韓獻子告老，公族穆子有廢疾，將立之。辭曰：「《詩》曰：『豈不夙夜，謂行多露。』又曰：『弗躬弗親，庶民弗信。』無忌不才，讓，其可乎？請立起也。與田蘇游，而曰『好仁』。《詩》曰：『靖共爾位，好是正直。神之聽之，介爾景福。』恤民爲德，正直爲正，正曲爲直，參和爲仁。如是則神聽之，介福降之。立之，不亦可乎？」〔註70〕

《左傳》本文，晉國韓獻子告老解職，準備讓他的長子無忌繼承卿位。然而韓無忌知道自身有痼疾，於是引詩「豈不夙夜，謂行多露」辭謝。

〈行露〉一詩的詩恉，依王禮卿先生的說法：「此蓋召南申女，既許嫁而夫迎禮不備，強欲迎之，持義不往，夫家致之訟獄，召公聽斷其訟，女乃賦

〔註67〕王禮卿：《四家詩恉會歸》，頁1711。
〔註68〕王禮卿：《四家詩恉會歸》，頁1858。
〔註69〕晉・杜預注，唐・孔穎達等正義：《春秋左傳正義》，卷29，頁498。
〔註70〕晉・杜預注，唐・孔穎達等正義：《春秋左傳正義》，卷30，頁518～519。

詩明志。」、〔註71〕「豈不夙夜，謂行多露」，杜注曰：「詩言雖欲早夜而行，懼多露之濡己。義取非禮不可妄行。」〔註72〕《左傳》韓無忌以詩來表明自己有痼疾而繼任卿位是違禮害義。此處引詩，以道露濡濕不可早行來當隱喻，是屬「興」作用的「引申義」。又引詩「弗躬弗親，庶民弗信」說明在位者有疾病不能躬親政事，那麼就無法贏得百姓的信任。再引詩「靖共爾位，好是正直。神之聽之，介爾景福」作爲推薦韓起爲卿相的理由，認爲其弟韓起具備了「正、直、仁」的美德，是最適宜的人選，神靈亦會因此降下大福。後二者的引詩，亦是從詩本義〔註73〕來作發揮。

十五、襄公七年

> 衛孫文子來聘，且拜武子之言，而尋孫桓子之盟。公登亦登，叔孫穆子相，趨進曰：「諸侯之會，寡君未嘗後衛君。今吾子不後寡君，寡君未知所過。吾子其少安。」孫子無辭，亦無悛容。穆叔曰：「孫子必亡。爲臣而君，過而不悛，亡之本也。《詩》曰：『退食自公，委蛇委蛇。』謂從者也。衡而委蛇，必折。」〔註74〕

《左傳》本文，衛國孫文子來魯國聘問，行聘禮時，魯襄公登上殿階一級，孫文子同時登上一級。依照禮節，這是失禮的行爲，然而魯卿相穆叔告訴孫文子，卻毫無悔改之意，因此穆叔預言孫文子必定滅亡，並且引詩「退食自公，委蛇委蛇」譏刺孫文子的專橫與自大必將引來毀折的下場。

〈羔羊〉一詩本意，「蓋詩人見召南國被文王化所致功效，卿大夫皆節儉正直，德稱其服，歌詠其事。」〔註75〕「退食自公，委蛇委蛇」是形容卿大夫從朝廷回家吃飯進退有度的容貌舉止，展現了從容自得、柔順公正的氣度來。《左傳》此處引詩，《正義》謂：「詩之此意，謂順者也。今孫子爲臣而君自處，是橫不順道，以橫道而委蛇，其人必將毀折，不得終其職位。」〔註76〕正以「爲臣的正道」來反諷孫文子「不臣」的傲慢行爲，是爲「引申義」。

〔註71〕王禮卿：《四家詩恉會歸》，頁254。
〔註72〕晉・杜預注，唐・孔穎達等正義：《春秋左傳正義》，卷30，頁518。
〔註73〕此二例應歸入第三節「《左傳》賦詩用了《詩》本義」。而爲了敘述的完整性，筆者將之置於此。
〔註74〕晉・杜預注，唐・孔穎達等正義：《春秋左傳正義》，卷30，頁519。
〔註75〕王禮卿：《四家詩恉會歸》，頁259。
〔註76〕晉・杜預注，唐・孔穎達等正義：《春秋左傳正義》，卷30，頁519。

十六、襄公十五年

> 楚公子午爲令尹，公子罷戎爲右尹，蒍子馮爲大司馬，公子橐師爲
> 右司馬，公子成爲左司馬，屈到爲莫敖，公子追舒爲箴尹，屈蕩爲
> 連尹，養由基爲宮廄尹，以靖國人。君子謂：「楚於是乎能官人，官
> 人，國之急也。能官人，則民無覦心。《詩》云：『嗟我懷人，寘彼
> 周行。』能官人也。王及公、侯、伯、子、男、甸、采、衛大夫，
> 各居其列，所謂周行也。」〔註77〕

《左傳》本文，楚國選群公子爲官，唯賢是用。君子認爲能夠讓賢才擔任官職，百姓就沒有非分之想。並引詩「嗟我懷人，寘彼周行」來說明天子、諸侯及大夫各司其職，即所謂的「周行」。

〈卷耳〉一詩，〈毛序〉以此爲后妃輔佐君子，求賢審官，知臣下之勤勞，憂勤之志之詩。魯說則以爲慕遠世精心於官賢之詞。齊說鄭禮注亦以爲后妃之志；《易林》「憂不能傷」，即〈毛序〉「至於憂勤」之意；「行者勞疲」云云，即〈毛序〉「知臣下勤勞」之意；三義與毛竝合，齊毛恉同。韓義未聞。是詩恉有兩說，毛齊爲本義，魯爲引申義也。〔註78〕然朱熹《詩集傳》謂：「后妃以君子不在而思念之，故賦此詩。」〔註79〕王靜芝則謂：「度其全詩，純是詠勞人思婦之情，誠不必多所附會也。」〔註80〕因此學者多以爲〈詩序〉之說是附會左傳。而依王禮卿學者的考論，魯齊毛三家說詩俱相同，只是有本義、引申義之別，因此毛〈序〉所言應可確信。王禮卿先生釋詩之本旨曰：

> 后妃既歎大夫之勤，又思須賢之盂，故託大夫妻念遠憂勞之詞，以
> 寄其意。……假詩寓志，以盡其輔佐君子之心，是以爲后妃之志也。
> 首章設言大夫妻懷夫憂勞，即易采之菜，易盈之器，亦采不能滿，
> 而置之於道，以興其憂思之深。竝推「嗟我懷人」之詞義，以興思
> 君子官賢人；推「寘彼周行」之詞義，以興置周之列位；推初興之
> 憂思，以興作者進賢體下之憂勤；是爲所興之正意，亦爲詩恉之所
> 在。〔註81〕

《左傳》此處引詩，是爲「引申義」。

〔註77〕晉・杜預注，唐・孔穎達等正義：《春秋左傳正義》，卷32，頁565～566。
〔註78〕王禮卿：《四家詩恉會歸》，頁155。
〔註79〕朱熹：《詩集傳》，頁4。
〔註80〕王靜芝：《經學通論》，頁40。
〔註81〕王禮卿：《四家詩恉會歸》，頁157。

十七、襄公二十五年

衛獻公自夷儀使與甯喜言，甯喜許之。大叔文子聞之曰：「烏呼！《詩》
所謂『我躬不說，皇恤我後』者，甯子可謂不恤其後矣，將可乎哉？
殆必不可。君子之行，思其終也，思其復也。《書》曰：『慎始而敬
終，終以不困。』《詩》曰：『夙夜匪解，以事一人。』今甯子視君
不如弈棋，其何以免乎？弈者舉棋不定，不勝其耦，而況置君而弗
定乎？必不免矣。九世之卿族，一舉而滅之，可哀也哉！」〔註82〕

《左傳》本文，衛獻公入居夷儀後謀求復位，甯喜既已事衛殤公卻又答
應幫衛獻公復國為君。因此大叔儀引詩「我躬不說，皇恤我後」來責難甯喜
的作為是不顧念自己的後代，並引《逸周書・常訓》：「慎始而敬終，終以不
困」〔註83〕以及〈烝民〉「夙夜匪懈，以事一人」，說明事情開頭就必須謹慎、
恭敬，且不懈怠直至最後。再以弈棋為喻，若舉棋不定，便無從得勝；置君
不定，必將招致禍難。

「我躬不說，皇恤我後」，〈小雅・小弁〉及〈邶風・谷風〉二詩篇皆有
此二句。以詩義來審視之，〔註84〕所引應屬〈小弁〉一詩。

〈小弁〉此詩，〈毛序〉以此為刺幽王之詩。「我躬不說，皇恤我後」二
句，鄭《箋》云：「我身尚不能自容，何暇乃憂我死之後也。」〔註85〕《左傳》
大叔儀引此，批評甯喜答應獻公的行為是對其君殤公有貳心，並認為甯喜是
自招其禍，且獲將及於子孫，可謂不恤其後也。此處引詩，是為「引申義」。

〈烝民〉一詩，〈毛序〉以此為尹吉甫美宣王能任賢使能，使周室中興之
詩。「夙夜匪懈，以事一人」二句，是頌美仲山甫奉行其職之勤且敬事天子。
《左傳》大叔儀引此，乃用以反諷甯喜事君不一，必不免於禍。此處引詩，
是為「引申義」。

〔註82〕晉・杜預注，唐・孔穎達等正義：《春秋左傳正義》，卷36，頁625。
〔註83〕此為逸書。《書》曰：「慎始而敬終，終以不困」，此語見《逸周書・常訓篇》。
《逸周書・常訓》卷一云：「頑貪以疑，疑意以兩，平兩以參，參伍以權，權
數以多，多難以允，允德以慎，慎微以始而敬終，乃不困。」（台北：藝文印
書館，1965年），卷1，頁7。
〔註84〕〈小雅・小弁・序〉：「〈小弁〉，刺幽王也。大子之傅作焉。」又〈邶風・谷
風・序〉：「〈谷風〉，刺夫婦失道也。衛人化其上：淫於新昏而棄其舊室，夫
婦離絕，國俗傷敗焉。」
〔註85〕漢・鄭玄箋，唐・孔穎達等正義：《毛詩正義》，頁423。

十八、襄公二十九年

> 晉平公，杞出也，故治杞。六月，知悼子合諸侯之大夫以城杞。孟
> 孝伯會之，鄭子大叔與伯石往。子大叔見大叔文子，與之語。文子
> 曰：「甚乎其城杞也！」子大叔曰：「若之何哉？晉國不恤周宗之闕，
> 而夏肆是屏。其弃諸姬，亦可知也已。諸姬是棄，其誰歸之？吉也
> 聞之，弃同即異，是謂離德。《詩》曰：『協比其鄰，昏姻孔云。』
> 晉不鄰矣，其誰云之？」〔註86〕

《左傳》本文，在大荒之年，晉平公卻命荀盈動員十餘國大夫爲舅家杞
國築城，因此鄭國子太叔游吉和衛國大夫太叔儀批評晉國不擔心周王室的衰
微，拋棄同爲姬姓之國而親近、保護夏朝的殘餘杞國。並引詩「協比其鄰，
昏姻孔云」非議晉與杞親密友好，棄己同姓之國，是爲「離德」。

〈正月〉一詩，〈毛序〉謂：「大夫刺幽王也」。此蓋大夫見幽王信人之僞
言，是非顛倒，政敗國危，痛切陳諷之作。〔註87〕《左傳》所引「協比其鄰」，
今本《詩經》作「洽比其鄰」，義同。「洽比其鄰，昏姻孔云」是說在位得勢
之小人親其私黨以及於妻黨婚姻之屬，往來十分友好。《左傳》游吉引此，是
批評晉國不親同姓只與姻親同黨親睦。此處引詩，是爲「引申義」。

十九、襄公三十年

> 爲宋災故，諸侯之大夫會，以謀歸宋財。冬，十月，叔孫豹會晉趙
> 武、齊公孫蠆、宋向戌、衛北宮佗、鄭罕虎及小邾之大夫，會于澶
> 淵。既而無歸於宋，故不書其人。君子曰：「信其不可不慎乎？澶淵
> 之會，卿不書，不信也。夫諸侯之上卿，會而不信，寵名皆棄，不
> 信之不可也如是。《詩》曰：『文王陟降，在帝左右。』信之謂也。
> 又曰：『淑慎爾止，無載爾僞。』不信之謂也。」〔註88〕

《左傳》本文，因宋國發生火災，各諸侯國大夫在澶淵會面，商討贈送
宋國物資事宜。然而事後並無允諾執行，因此《春秋》不記載與會大夫的姓
名，是因爲他們不講信用。時之君子引「文王陟降，在帝左右」，說明守信的
重要。又引逸詩「淑慎爾止，無載爾僞」，申述應當謹慎於言行舉止，毋詐欺

〔註86〕晉・杜預注，唐・孔穎達等正義：《春秋左傳正義》，卷39，頁666～667。
〔註87〕王禮卿：《四家詩恉會歸》，頁1254。
〔註88〕晉・杜預注，唐・孔穎達等正義：《春秋左傳正義》，卷40，頁683。

巧僞。

〈文王〉一詩，〈毛序〉以此爲文王受命作周之詩。王禮卿先生考釋曰：「此蓋周公成王之時，詩人或周公詠文王功德配天，受天命以作周，卒成王業、美文王竝以戒成王。」〔註89〕「文王陟降，在帝左右」是讚美文王之德昭著於天，能體察天帝之意，其行率與天道合。《左傳》君子引此，杜注云：「言文王所以能上接天下接人，動順帝者，唯以信。」〔註90〕取義雖偏於「信」，卻不違《詩》義。此處引詩，以文王之德說明「信」之重要，是爲「引申義」。而所引的「淑愼爾止，無載爾僞」，不見於今本《詩經》中，是爲「逸詩」。《左傳》君子引此，意在戒人應愼於行事，不可詐僞。

二十、昭公六年

> 宋寺人柳有寵，大子佐惡之。華合比曰：「我殺之。」柳聞之，乃坎、用牲、埋書，而告公曰：「合比將納亡人之族，既盟于北郭矣。」公使視之，有焉，遂逐華合比。合比奔衛。於是華亥欲代右師，乃與寺人柳比，從爲之徵，曰：「聞之久矣。」公使代之。見於左師，左師曰：「女夫也必亡。女喪而宗室，於人何有，人亦於女何有。《詩》曰：『宗子維城，毋俾城壞，毋獨斯畏。』女其畏哉！」〔註91〕

《左傳》本文，宋國寺人柳受宋平公寵信，華合比將替太子佐殺之。寺人柳聽到，便在宋平公面前誣陷華合比，說他準備與逃亡黨羽在北郭結盟。華合比之弟華亥想奪得華合比右師之職，便作僞證證明此事。因此宋平公讓華亥代爲右師。左師向戌引詩「宗子維城，無俾城壞，無獨斯畏」告訴華亥，毀壞自己的宗族，亦會使自身陷入孤立無援、害怕的處境。

〈板〉一詩，〈毛序〉言：「凡伯刺厲王也。」蓋凡伯見厲王爲政，悉反先王之正道，喜虐傲諫，因此歷舉其失，而諫以治民之道，用人之方，敬天之謹。〔註92〕「宗子維城，無俾城壞，無獨斯畏」是說以群宗之子爲堅城，九族若和睦，那麼就沒有孤獨無親的憂慮。《左傳》向戌引此，《左氏會箋》謂：「言宗子者守一族之城郭也，若使此城傾壞，則女獨矣。女既獨，此必有

〔註89〕王禮卿：《四家詩恉會歸》，頁1538。

〔註90〕晉・杜預注，唐・孔穎達等正義：《春秋左傳正義》，卷40，頁683。

〔註91〕晉・杜預注，唐・孔穎達等正義：《春秋左傳正義》，卷43，頁752。

〔註92〕王禮卿：《四家詩恉會歸》，頁1692。

可畏也。」〔註93〕說明宗族之人親睦的重要性，亦深責華亥之不智。此處引詩，是爲「引申義」。

廿一、昭公十六年

> 二月丙申，齊師至于蒲隧，徐人行成，徐子及郯人、莒人會齊侯，盟于蒲隧，賂以甲父之鼎。叔孫昭子曰：「諸侯之無伯，害哉！齊君之無道也，興師而伐遠方，會之，有成而還，莫之亢也。無伯也夫！《詩》曰：『宗周既滅，靡所止戾。正大夫離居，莫知我肄』，其是之謂乎！」〔註94〕

《左傳》本文，齊景公率領軍隊攻打徐國。徐國人求和，並和郯人、莒人一同去蒲隧與景公結盟，致贈甲父寶鼎。魯大夫叔孫昭子引詩「宗周既滅，靡所止戾。正大夫離居，莫知我肄（勩）」，說明小國無法抵抗，是因爲沒有霸主的緣故。杜注謂：「言周舊爲天下宗，今乃衰滅，亂無息定，執政大夫，離居異心，無有念民勞者也。」〔註95〕

〈雨無正〉一詩，旨在刺幽王朝。「宗周既滅」四句，敍述周如今已等於滅亡，上下離心，正大夫離散而居，國勢危殆。《左傳》此處引詩，《左氏會箋》謂：「宗周比晉國，正大夫比晉正卿，哀晉之伯業既滅，而傷小國之困苦也。」，〔註96〕是爲「引申義」。

廿二、昭公二十年

> 齊侯至自田，晏子侍于遄臺，子猶馳而造焉。公曰：「唯據與我和夫！」晏子對曰：「據亦同也，焉得爲和？」公曰：「和與同異乎？」對曰：「異。和如羹焉，水、火、醯、醢、鹽、梅，以烹魚肉，燀之以薪，宰夫和之，齊之以味，濟其不及，以洩其過。君子食之，以平其心。君臣亦然。君所謂可而有否焉，臣獻其否以成其可；君所謂否而有可焉，臣獻其可以去其否，是以政平而不干，民無爭心。故《詩》曰：『亦有和羹，既戒既平。鬷嘏無言，時靡有爭。』先王之濟五味、

〔註93〕竹添光鴻：《左氏會箋‧昭六》，第 21，頁 48。
〔註94〕晉‧杜預注，唐‧孔穎達等正義：《春秋左傳正義》，卷 47，頁 825～826。
〔註95〕晉‧杜預注，唐‧孔穎達等正義：《春秋左傳正義》，卷 47，頁 826。
〔註96〕竹添光鴻：《左氏會箋‧昭十六》，第 23，頁 43。

和五聲也，以平其心，成其政也。聲亦如味，一氣，二體，三類，四物，五聲，六律，七音，八風，九歌，以相成也；清濁、大小，長短、疾徐，哀樂、剛柔，遲速、高下，出入、周疏，以相濟也。君子聽之，以平其心。心平，德和。故《詩》曰：『德音不瑕。』今據不然，君所謂可，據亦曰可；君所謂否，據亦曰否。若以水濟水，誰能食之？若琴瑟之專壹，誰能聽之？同之不可也如是。」〔註97〕

　　《左傳》本文，齊侯認為只有梁丘據的言談與他最相合。而晏嬰卻說梁丘據僅是附和齊侯的想法，並非真的相契合，以廚師烹調時調和味道當做比喻，說明君臣之間的理念也應截長補短，彼此協調。又引詩「亦有和羹，既戒既平。鬷嘏無言，時靡有爭」，說明先王「平其心，成其政」的方法。若內心平靜，德行也隨之和諧，正如《詩》所說的「德音不瑕」，心保持平和，其音自然無瑕闕。為政若只取合於己者，那麼便不是善言了。

　　〈烈祖〉一詩，〈毛序〉以此為祀中宗太戊之詩。蓋商之時王祀中宗於親廟，歷陳主祀、祭品、執事、助祭、祀典之得禮，受祭福之盛多，以美中宗之功德而為樂歌。〔註98〕「亦有和羹」四句，言「五味調和之鉶羹，事已戒謹，味已和平；其執事諸臣，總至而無言語之譁，歷時而無侵職之爭」。〔註99〕《左傳》晏嬰引此，是以和羹為喻，表示君臣之間如果能互相協調，則政平人和，民無爭心。此處引詩，是為「引申義」。

　　〈狼跋〉一詩，〈毛序〉言：「美周公也。周公攝政，遠則四國流言，近則王不知，周大夫美其不失其聖也。」而「德音不瑕」一句，讚美周公美好之聲聞，始終無瑕疵。《左傳》晏嬰引此，是以音樂為喻，表示聲律調和就可使聽者內心平靜，而政治上君臣若能彼此協調，政局亦隨之平穩。此處引詩，是為「引申義」。

廿三、昭公二十一年

　　三月，葬蔡平公。蔡大子朱失位，位在卑。大夫送葬者，歸見昭子。昭子問蔡故，以告。昭子歎曰：「蔡其亡乎！若不亡，是君也必不終。《詩》曰：『不解于位，民之攸墍。』今蔡侯始即位，而適卑，身將

〔註97〕晉・杜預注，唐・孔穎達等正義：《春秋左傳正義》，卷49，頁858～861。
〔註98〕王禮卿：《四家詩恉會歸》，頁1979。
〔註99〕王禮卿：《四家詩恉會歸》，頁1980。

從之。」〔註100〕

《左傳》本文，蔡國安葬蔡平公時，太子朱不在嫡子之位而居於卑下。魯大夫回國將此事告訴昭子，昭子因而喟歎蔡國將不免於亡國，若僥倖不亡，太子也難終其位。並引詩「不解于位，民之攸墍」說明不懈怠於己位，人民就能安居樂業，也感嘆太子朱的「失位」是一種惡兆。

〈嘉樂〉一詩，〈毛序〉云：「嘉成王也。」此蓋成王有顯顯盛德，能官人，臣民愛樂，得其干祿之道而受天百福。〔註101〕「不解于位，民之攸墍」表示成王及群臣都不懈怠於己職，是人民的依歸。《左傳》昭子引此，在慨嘆蔡國太子朱不慎其位，如何能安定百姓？此處引詩，是爲「引申義」。

廿四、昭公二十五年

季公若之姊爲小邾夫人，生宋元夫人，生子，以妻季平子。昭子如宋聘，且逆之。公若從，謂曹氏勿與，魯將逐之。曹氏告公，公告樂祁。樂祁曰：「與之。如是，魯君必出，政在季氏三世矣，魯君喪政四公矣。無民而能逞其志者，未之有也，國君是以鎮撫其民。《詩》曰：『人之云亡，心之憂矣。』魯君失民矣，焉得逞其志？靖以待命猶可，動必憂。」〔註102〕

《左傳》本文，季公若告訴甥女宋元夫人不要將女兒嫁給魯國季平子，因魯君正準備趕走季平子。樂祁聽說後，認爲將女兒嫁予季平子並無不可，並引詩「人之云亡，心之憂矣」說明魯君長久以來喪政失民，不得百姓擁戴，驅逐季平子的計劃是不可能實現的。

〈瞻卬〉一詩，旨在刺幽王大壞，「人之云亡，心之憂矣」是說賢人避亂世而奔亡，天下人都感到憂患、悲傷。《左傳》此處引詩，亦表示魯國國君已失去賢才、失去百姓，國勢讓人民憂心忡忡，是取詩之「引申義」也。

廿五、昭公三十二年

冬，十一月，晉魏舒、韓不信如京師，合諸侯之大夫于狄泉，尋盟，且令城成周。魏子南面。衛彪傒曰：「魏子必有大咎。干位以令大事，

〔註100〕晉・杜預注，唐・孔穎達等正義：《春秋左傳正義》，卷50，頁867～868。
〔註101〕王禮卿：《四家詩恉會歸》，頁1655。
〔註102〕晉・杜預注，唐・孔穎達等正義：《春秋左傳正義》，卷51，頁887～888。

非其任也。《詩》曰：『敬天之怒，不敢戲豫；敬天之渝，不敢馳驅。』況敢干位以作大事乎？」〔註103〕

　　《左傳》本文，晉魏舒、韓不信到京師，會合諸侯國重修盟約。魏舒竟然坐在君位南面命令諸侯共修成周之城。因此衛國彪傒說魏舒一定會遭遇大災禍，並引詩「敬天之怒，不敢戲豫。敬天之渝，不敢馳驅」來表示魏舒應當敬天慎行，不可怠慢、放縱而逾越了自己的本分。

　　〈板〉一詩，〈毛序〉以此為「凡伯刺厲王」之詩，蓋凡伯見厲王為政，悉反先王之正道，因此歷舉其失，而諫以治民之道，用人之方，敬天之謹。〔註104〕「敬天之怒」四句，說明應敬畏上天，無敢放恣，且時刻謹慎行事。《左傳》彪傒引此，是批評魏舒冒犯了君位、僭越己身分地位、恣意行事之舉，是為「引申義」。

廿六、定公九年

　　鄭駟歂殺鄧析，而用其《竹刑》。君子謂：「子然於是不忠。苟有可以加於國家者，棄其邪可也。〈靜女〉之三章，取彤管焉。〈竿旄〉『何以告之』，取其忠也。故用其道，不棄其人。《詩》云：『蔽芾甘棠，勿翦勿伐，召伯所茇。』思其人，猶愛其樹，況用其道而不恤其人乎！子然無以勸能矣。」〔註105〕

　　《左傳》本文，鄭國的駟歂殺死鄧析，卻又採用鄧析所製定的《竹刑》。時之君子認為駟歂「不忠」，並引〈靜女〉之三章，取「彤管」之義。杜注曰：「彤管，赤管筆，女史記事規誨之所執。」〔註106〕又引〈竿旄〉「何以告之」，取「忠」之義，杜注曰：「取其中心願告人以善道也。」〔註107〕再引〈甘棠〉「蔽芾甘棠，勿翦勿伐，召伯所茇」，以召伯之史事批評用鄧析之《竹刑》卻不願恤其生命。

　　〈靜女〉一詩，〈毛序〉認為是諷刺「衛君無道，夫人無德」，其中第二章「彤管」之義，王先謙云：

　　合證諸書，是女史彤管，書事記過，使人君妃妾知所警惕，進退得

〔註103〕晉・杜預注，唐・孔穎達等正義：《春秋左傳正義》，卷53，頁933。
〔註104〕王禮卿：《四家詩恉會歸》，頁1692。
〔註105〕晉・杜預注，唐・孔穎達等正義：《春秋左傳正義》，卷55，頁967。
〔註106〕晉・杜預注，唐・孔穎達等正義：《春秋左傳正義》，卷55，頁967。
〔註107〕晉・杜預注，唐・孔穎達等正義：《春秋左傳正義》，卷55，頁967。

秩序之美，宮闈無瀆亂之愆，所繫至重。〔註108〕

王禮卿先生亦云：

> 彤管著其赤心正人之德，白茅示其志行芳潔之賢，……其中尤以彤
> 管訓過之意最爲可貴，故《左傳》有「取彤管焉」之言；而魯、齊、
> 毛皆傳其說，《左氏傳》非僅斷章以取義已也。〔註109〕

《左傳》此處引〈靜女〉，意在訓馹歂之過，是爲「引申義」。

〈竿旄〉一詩，〈毛序〉認爲是頌美衛文公臣子多好善，賢者樂告以善道之詩。「何以告之」在第三章，「述賢者告道之意，深思其何畀何予何告，以見告之者躊躇之愼，而告善之忠」。〔註110〕《左傳》此處引〈竿旄〉來評論馹歂殺鄧析是「不忠」的，是爲「引申義」。

〈甘棠〉一詩，〈毛序〉以此爲美召伯之教明於南國，思其人故愛其樹。《左傳》此處引詩，是諷諫馹歂不愛惜人才之舉，是爲「引申義」。

廿七、哀公五年

> 鄭馹秦富而侈，嬖大夫也，而常陳卿之車服於其庭，鄭人惡而殺之。
> 子思曰：「《詩》曰：『不解于位，民之攸塈。』不守其位而能久者鮮
> 矣。〈商頌〉曰：『不僭不濫，不敢怠皇，命以多福。』」〔註111〕

《左傳》本文，鄭國馹秦是一位下大夫，然而富且奢侈，常把卿的車馬服飾陳列在庭院中。鄭人厭惡其僭越禮制行爲而將他殺死。子思引詩「不解于位，民之攸塈」來論「守其位」的重要性。又引〈商頌·殷武〉：「不僭不濫，不敢怠皇，命以多福。」議論馹秦若能勤於己位、無有差錯且不自滿、不懈怠，那麼上天便會賜予福祿。

〈嘉樂〉一詩，是讚美成王有顯顯令德，且受天百福。「不解于位，民之攸塈」二句，表示成王及群臣能不懈怠於己職，是人民的歸趨。《左傳》子思引此，在表達謹守其位不僭越才能永保其祿。此處引詩，是爲「引申義」。

〈殷武〉一詩，〈毛序〉言：「祀高宗也。」在讚美殷高宗的中興及其文治武功。《左傳》「命以多福」一句，《毛詩》作「命于下國，封建厥福」。《正

〔註108〕 王先謙：《詩三家義集疏·靜女》（台北：明文書局，1988 年），卷 3 上，頁 208。

〔註109〕 王禮卿：《四家詩恉會歸》，頁 426。

〔註110〕 王禮卿：《四家詩恉會歸》，頁 499。

〔註111〕 晉·杜預注，唐·孔穎達等正義：《春秋左傳正義》，卷 57，頁 1001～1002。

義》曰：「傳言命以多福，不復具引詩文，取其義而言之也。」〔註112〕詩之義在敘述高宗能敬下民，賞罰適切，不敢怠於政事，因而獲天賜福。《左傳》此處引詩，在暗諷駟秦違禮僭越之舉終招禍害，無法永保福祿。因此，此處引詩是爲「引申義」。

第五節　《左傳》引詩者自己斷章取義，用了自創意

一、桓公六年

> 北戎伐齊，齊侯使乞師于鄭，鄭大子忽帥師救齊。六月，大敗戎師，獲其二帥大良、少良，甲首三百，以獻於齊。於是諸侯之大夫戍齊，齊人饋之餼，使魯爲其班，後鄭。鄭忽以其有功也，怒，故有郎之師。公之未昏於齊也，齊侯欲以文姜妻鄭大子忽，大子忽辭。人問其故，大子曰：「人各有耦，齊大，非吾耦也。《詩》云：『自求多福。』在我而已，大國何爲？」君子曰：「善自爲謀。」及其敗戎師也，齊侯又請妻之，固辭。人問其故，大子曰：「無事於齊，吾猶不敢；今以君命，奔齊之急，而受室以歸，是以師昏也，民其謂我何？」遂辭諸鄭伯。〔註113〕

《左傳》本文，北戎伐齊，齊僖公向鄭國請求幫助，鄭派太子忽援救，大敗北戎軍隊。然而犒謝有功之國時，鄭國卻被編排於最後，太子忽以其有功而大怒，最後乃有郎地戰役的發生。齊候欲將文姜嫁予太子忽，太子忽以「齊大，非吾耦也」的理由推辭，並引詩「自求多福」來說明福德乃是由自己去求取，仰賴大國並無助益。時之君子讚美他善於爲自己謀畫。

〈文王〉詩曰：「無念爾祖，聿脩厥德。永言配命，自求多福。……宜鑑於殷，駿命不易。」〈毛序〉謂：「文王受命作周也。」文王脩其德性而能受天命興周，使武王伐滅商取得天下，亦是靠自己努力而來，且天命不易得，應以殷爲借鑑。胡承珙《毛詩後箋》云：「此詩前四章皆追述文王受命作周之事，後三章乃戒成王當鑑殷而法文王。」〔註114〕《詩》所言「永言配命，自

〔註112〕晉・杜預注，唐・孔穎達等正義：《春秋左傳正義》，卷57，頁1001。
〔註113〕晉・杜預注，唐・孔穎達等正義：《春秋左傳正義》，卷6，頁112。
〔註114〕清・胡承珙：《毛詩後箋・大雅・文王》，收入《續修四庫全書》，卷23，頁583。

求多福」是戒成王之辭，而《左傳》中鄭太子忽引「自求多福」則顯示他深明大義，君子亦讚美鄭忽「善自為謀」，並無戒諫之意，因此，是為引詩斷章也！

二、宣公十二年

乙卯，王乘左廣，以逐趙旃。趙旃棄車而走林，屈蕩搏之，得其甲裳。晉人懼二子之怒楚師也，使軘車逆之。潘黨望其塵，使騁而告曰：「晉師至矣！」楚人亦懼王之入晉軍也，遂出陳。孫叔曰：「進之，寧我薄人，無人薄我！《詩》云：『元戎十乘，以先啟行。』先人也。《軍志》曰：『先人有奪人之心。』薄之也。」遂疾進師，車馳卒奔，乘晉軍。桓子不知所為，鼓於軍中曰：「先濟者有賞。」中軍、下軍爭舟，舟中之指可掬也。〔註115〕

《左傳》本文，晉國趙旃與魏錡前去楚國講和，卻如郤克所言激怒了楚人。楚莊王自駕戎駱驅逐趙旃，楚軍惟恐莊王誤闖晉軍，相國孫叔敖引兵救駕，並引詩「元戎十乘，以先啟行」及兵法「先人有奪人之心」，表示領兵作戰須先發制人，才能奪得先機，克敵制勝。

〈六月〉一詩，〈毛序〉云：「宣王北伐也。」詩內容在描述宣王出征玁狁，尹吉甫整備軍容、帥師驅逐玁狁，最後凱旋歸來，舉行慶功宴的情形。「元戎十乘，以先啟行」意指天子行軍時，有大兵車十輛先在前面開道，以突破敵人的行陣，而《左傳》孫叔敖引此，則表示要搶得先機，在敵人動手前先行動，此處引詩是斷取「先」字之意，並非指前驅兵車，因此是為「斷章取義」。

三、成公十二年

晉郤至如楚聘，且涖盟。楚子享之，子反相，為地室而縣焉。郤至將登，金奏作於下，驚而走出。子反曰：「日云莫矣，寡君須矣，吾子其入也。」賓曰：「君不忘先君之好，施及下臣，貺之以大禮，重之以備樂。如天之福，兩君相見，何以代此？下臣不敢。」子反曰：「如天之福，兩君相見，無亦唯是一矢以相加遺，焉用樂？寡君須

〔註115〕晉·杜預注，唐·孔穎達等正義：《春秋左傳正義》，卷23，頁395。

矣，吾子其入也。」賓曰：「若讓之以一矢，禍之大者，其何福之爲？
世之治也，諸侯間於天子之事，則相朝也，於是乎有享宴之禮。享
以訓共儉，宴以示慈惠。共儉以行禮，而慈惠以布政。政以禮成，
民是以息。百官承事，朝而不夕，此公侯之所以扞城其民也。故《詩》
曰：『赳赳武夫，公侯干城。』及其亂也，諸侯貪冒，侵欲不忌，爭
尋常以盡其民，略其武夫，以爲己腹心、股肱、爪牙。故《詩》曰：
『赳赳武夫，公侯腹心。』天下有道，則公侯能爲民干城，而制其
腹心。亂則反之。今吾子之言，亂之道也，不可以爲法。然吾子，
主也，至敢不從？」遂入，卒事。歸以語范文子，文子曰：「無禮，
必食言，吾死無日矣夫！」〔註116〕

　　《左傳》本文，晉國郤至到楚國聘問結盟，將見楚共王時，楚奏兩國國
君相見時的鐘鼓之樂，郤至驚慌得退了出來。郤至對楚贊禮官子反說明政教
須以禮來完成，並引詩「赳赳武夫，公侯干城」言天下若有道，那麼公侯就
能成爲百姓的捍衛，而控制自己的心腹；接著引詩「赳赳武夫，公侯腹心」
言天下動亂時，諸侯貪婪，爲爭奪尺寸之地驅使百姓去作戰，選取武士作爲
自己的心腹、股肱、爪牙。

　　依〈兔罝·序〉之意，「此詩蓋以〈兔罝〉隱者，具敬事愼獨之賢，推知
有堪輔公侯之才德，欽其人而樂賢者之眾，詠其事而歎美之。……而賢之所
以眾多，由后妃關雎愼獨之德化，故人知好德而賢者眾。」〔註117〕此處《左
傳》引詩，並非關乎詩本義，是爲「斷章取義」。

四、昭公八年

八年，春，石言于晉魏榆。晉侯問於師曠曰：「石何故言？」對曰：
「石不能言，或馮焉。不然，民聽濫也。抑臣又聞之曰：『作事不時，
怨讟動于民，則有非言之物而言。』今宮室崇侈，民力彫盡，怨讟
並作，莫保其性，石言，不亦宜乎？」於是晉侯方築虒祁之宮。叔
向曰：「子野之言君子哉！君子之言，信而有徵，故怨遠於其身。小
人之言，僭而無徵，故怨咎及之。《詩》曰：『哀哉不能言，匪舌是
出，唯躬是瘁。哿矣能言，巧言如流，俾躬處休』，其是之謂乎！是

〔註116〕晉·杜預注，唐·孔穎達等正義：《春秋左傳正義》，卷27，頁458～459。
〔註117〕王禮卿：《四家詩恉會歸》，頁186。

－135－

宮也成，諸侯必叛，君必有咎，夫子知之矣。」〔註118〕

《左傳》本文，晉國魏榆之地有石頭會說話，晉平公問師曠原因，師曠以宮室高大奢侈爲理由，說明做事不合時令，便會導致怨聲四起，難怪石頭亦不得不言。叔向聽說後，引詩讚美師曠「巧言如流」，信而有徵。

〈雨無正〉一詩，〈毛序〉以此爲刺幽王之時，政多如雨且政令不一。「哀哉不能言，匪舌是出，維躬是瘁。哿矣能言，巧言如流，俾躬處休」是說賢者諫諍即招陷害，而佞者巧言卻獲得安居，用以諷刺國勢的傾危。毛《傳》曰：「哀賢人不得言，不得出是舌也。哿，可也。可矣世所謂能言也，巧言從俗，如水流轉。」〔註119〕此詩乃是憂時傷亂之作。《左傳》此處引詩，《左氏會箋》謂：「哿，可也。巧，善也，能言者明達事理，巧言如流，以致躬居休，師曠是也。信而有徵謂其義，巧言如流謂其辯，兩不相戾也。此亦斷章取義，非叔向時詩義如此也。」〔註120〕叔向引詩反用詩義來讚美師曠的巧諫，是爲「斷章取義」也。

五、昭公十年

昭子至自晉，大夫皆見，高彊見而退。昭子語諸大夫曰：「爲人子不可不慎也哉！昔慶封亡，子尾多受邑，而稍致諸君，君以爲忠，而甚寵之。將死，疾于公宮，輦而歸，君親推之。其子不能任，是以在此。忠爲令德，其子弗能任，罪猶及之，難不慎也？喪夫人之力，棄德、曠宗，以及其身，不亦害乎？《詩》曰：『不自我先，不自我後』，其是之謂乎！」〔註121〕

《左傳》本文，魯國昭子（叔孫婼）對逃亡到魯國的高彊發表評論，即使以子尾（高彊之父）的忠誠，亦無法庇佑到其子高彊身上，高彊的失敗在於不忠於國君，恐怕禍害將至。因此引詩「不自我先，不自我後」來說明人的行事若不謹慎，自己必自取其禍。

〈正月〉一詩，本義在刺幽王。「不自我先，不自我後」是大夫言親身遭遇虐政之苦，不在他出生之前、不在他逝世之後而適逢此亂世。《左傳》此處

〔註118〕晉・杜預注，唐・孔穎達等正義：《春秋左傳正義》，卷44，頁768～769。

〔註119〕漢・鄭玄箋，唐・孔穎達等正義：《毛詩正義》，頁411。

〔註120〕竹添光鴻：《左氏會箋・昭八》，第22，頁3。

〔註121〕晉・杜預注，唐・孔穎達等正義：《春秋左傳正義》，卷45，頁784。

引詩，杜注曰：「言禍亂不在他，正當己身。喻高彊身自取此禍。」〔註122〕
是截取「正當己身」之意，是爲「斷章取義」。

六、昭公二十六年

> 齊侯與晏子坐于路寢。公歎曰：「美哉室，其誰有此乎？」晏子曰：
> 「敢問何謂也？」公曰：「吾以爲在德。」對曰：「如君之言，其陳
> 氏乎？陳氏雖無大德，而有施於民。豆、區、釜、鍾之數，其取之
> 公也薄，其施之民也厚。公厚斂焉，陳氏厚施焉，民歸之矣。《詩》
> 曰：『雖無德與女，式歌且舞。』陳氏之施，民歌舞之矣。〔註123〕

《左傳》本文，齊景公與晏嬰坐在寢宮，景公喟嘆華美之宮室在他死後
不知將歸與何人。晏嬰以爲，陳氏厚施於民，百姓必然歸附，並引詩「雖無
德與女，式歌且舞」說明陳氏雖無大德，然而施恩給百姓，百姓當然喜樂之、
歌舞之。

〈車舝〉一詩，本義爲刺幽王、褒姒，周大夫思求賢女以配君王。「雖無
德與女，式歌且舞」是說君王雖無德，賢女猶用歌舞感德的方式激發之。《左
傳》此處引詩，表達百姓對陳氏施恩的歡欣鼓舞，是爲「斷章取義」。

〔註122〕晉・杜預注，唐・孔穎達等正義：《春秋左傳正義》，卷45，頁784。
〔註123〕晉・杜預注，唐・孔穎達等正義：《春秋左傳正義》，卷52，頁905。

第六章　結　論

　　漢代，說解《詩經》者有魯、齊、韓、毛四家詩，然而，據《隋書‧經籍志》的記載，《齊詩》亡於魏，《魯詩》亡於西晉，《韓詩》於南宋時亦亡，只有《毛詩》獨傳。隨著三家詩的亡佚，三家詩序也跟著湮沒，只有在其它古籍中仍有零星的記載。因此，今日所說的《詩序》，是專指《毛詩序》而言。而根據王禮卿先生《四家詩恉會歸》一書的輯佚整理，可證明四家詩所說的詩旨，其實大多是可以互相融通解釋的，只是所敘的詩旨有本義、引申義或推衍義的區別。

　　如何判別《詩序》與《左傳》之間的關聯？本篇論文是以《毛詩序》為主軸，再輔以魯、齊、韓三家詩說，與《左傳》所賦、所引的《詩經》篇章或句子作相互對照。作為《詩經》題解性質的《詩序》，既反映了《詩經》是周朝政府檔案文獻的事實、「學在官府」的教育狀態，更值得關注的是，《詩序》的目的正是闡揚《詩》所蘊含的微言大義，使《詩經》「興、觀、群、怨」的教戒意義得以彰顯。

　　春秋時期，各國朝聘宴享、外交場合賦詩言志及君臣對答、賓客往來之間引詩評斷是非風氣的熱絡頻繁，從《左傳》的記載中可清楚得知。作為言談溝通媒介的《詩經》，其政治教化功能亦由此展現。韓國人安性栽先生《〈詩經〉之「比、興」與春秋「賦詩、引詩」關係考察》一文說：

> 通過史書、儒書中「賦詩、引詩」的例子分析，我們可以理解《毛詩傳》對《詩經》作品之解釋的政治化傾向並不是從《毛詩傳》開始的。……「賦詩、引詩」的時代背景與《詩經》中其收詩年代最晚的作品之間的時間差距不遠，這個事實足以證明當時集大成《詩

經》之目的明顯有政治意圖。〔註1〕

顏崑陽先生〈論先秦「詩社會文化行為」所展現的「詮釋範型」意義〉一文中提到：

> 以有異於孔子所謂「文學」之「純文學」的界義為設準，去詮釋先秦時代「賦詩」、「引詩」、「說詩」的活動，以獲致文學批評的意義，也是晚至漢魏以後的事了。……在先秦既存的社會世界中，沒有存在著專業的文學創作及批評這類經驗與知識。〔註2〕

因此，在文學自覺觀念尚未萌生的先秦時代，《詩》在創作之初、《詩》三百被集結之時，即具有其特殊作用，是為政治、教化之用而編訂，而非今人所謂「文藝創作」。

《左傳》賦詩言志的方法，一曰就詩取喻，二曰斷章取義；而言語引詩的方法，一曰直用詩義，二曰引申詩義，三曰引詩譬喻，四曰斷章取義。今日學者，在敘述《左傳》賦詩、引詩的論題時，多以「斷章取義」來歸結之，認為《左傳》中依對話場合情境所賦或所引的詩篇、詩句與《詩》本義無涉，而其所謂的「《詩》本義」則多以文學角度來解釋之，因此認定配合政治、外交場合所使用的《詩》是為「斷章取義」。此處的癥結點就在於究竟《詩》的本質為何？具教諭意義抑或純屬文學性質？在回歸歷史情境脈絡中探討的同時，答案也呼之欲出了。從《詩經》在先秦時期應用、傳播的情形來看，其教諭功能即明顯可知。

既然《詩經》的政教內涵已經確立，那麼，作為《詩經》題解的《詩序》，言其「穿鑿附會」的謗詞自是不攻自破。而《左傳》賦詩、引詩與《詩序》之關聯，可區分為四種：其一，《左傳》真實反應歷史事件，與《詩序》所載相同；其二，《左傳》賦詩、引詩用了《詩》本義；其三，《左傳》賦詩、引詩用了《詩》的引申義；其四，《左傳》賦詩、引詩者自己斷章取義，用了自創意。

而經過筆者仔細探析《左傳》賦詩、引詩與《詩序》之關聯性後，也發現了許多原本被學者視為「斷章取義」的篇章，其實多依《詩》的本義加以

〔註1〕 安性栽：〈《詩經》之「比、興」與春秋「賦詩、引詩」關係考察〉，《廣州大學學報》第3卷第10期（2004年10月），頁33。

〔註2〕 顏崑陽：〈論先秦「詩社會文化行為」所展現的「詮釋範型」意義〉，《東華人文學報》第8期（2006年1月），頁56～57。

發揮，或爲「比」之性質，或爲「興」之性質，或依《詩》旨作進一步的闡發，靈活運用之妙端視交接酬酢場合需要而生發，然而卻又不違《詩》旨。因此，在賦詩、引詩言談之際，透過對《詩》旨的掌握，當下即能溝通、了解彼此的情志，不至於發生牛頭不對馬嘴的尷尬場面，更不至因此使國家顏面盡失，徒留笑柄。換言之，《左傳》賦詩、引詩與《詩序》意旨大部分是相符的，或爲史實，或爲《詩》本義，或爲引申義，而「斷章取義」雖有之，但比例上則偏少數。

　　《詩經》作爲一部先民思想呈現的典籍而言，無疑地具有多面向的價值。從文學的角度來看，有人認爲它是中國最早的一部詩歌總集，但從經學的視野檢視之，《詩經》提供了政治、語言、文化、歷史等豐富的先民活動材料。然而，不論文學角度或經學視野來衡量《詩經》本身，這似乎都會造成對《詩經》解讀上的各說各話，而這樣的衝突，在宋代被揚升到最高點，此可以朱熹倡言廢《序》一事爲代表。而回歸歷史情境，從《左傳》中春秋時期國與國之間賦詩、引詩風氣盛行的情況來看，《詩經》的政教美刺作用即明顯可知，而《詩序》也正是闡發《詩經》微言大義的重要文獻，廢《序》派的抨擊，實不足以動搖《詩序》的地位與價值！

參考文獻

一、專　書

（一）古籍（依著作時代先後排列）

1. 《尚書》（台北：台灣開明書店，1984 年）。
2. 《虞書》（台北：台灣開明書店，1984 年）。
3. 《逸周書》（台北：藝文印書館，1965 年）。
4. 〔周〕左丘明著，〔三國〕韋昭注：《國語》（台北：里仁書局，1980 年）。
5. 〔周〕墨翟撰，〔清〕孫詒讓校：《墨子》（台北：華正書局，1987 年）。
6. 〔漢〕司馬遷著，瀧川龜太郎考證：《史記會注考證》（台北：宏業書局，1994 年）。
7. 〔漢〕劉向撰，〔清〕梁端校注：《列女傳》（台北：台灣中華書局，1983 年）。
8. 〔漢〕劉向：《說苑》（台北：中華書局，1965 年）。
9. 〔漢〕鄭玄：《六藝論》（台北：藝文印書館，1965 年）。
10. 〔漢〕王肅：《孔子家語》，收入《景印文淵閣四庫全書》（台北：台灣商務印書館，1983 年）。
11. 〔漢〕蔡邕：《琴操》（台北：藝文印書館，1976 年）。
12. 〔漢〕桓寬：《鹽鐵論》（北京：中華書局，1991 年）。
13. 〔漢〕趙曄撰，〔明〕吳琯校：《吳越春秋》，收入《叢書集成新編》第 110 冊（台北：新文豐出版社，1985 年）。
14. 〔漢〕班固撰，〔唐〕顏師古注：《漢書》，收入楊家駱主編：《新校本漢書集注并附編二種》（台北：鼎文書局，1978 年）。

15. 〔漢〕焦延壽:《焦氏易林》(台北:新文豐出版公司,1987 年)。

16. 〔漢〕范曄撰,〔唐〕李賢等注:《新校本後漢書》(台北:鼎文書局,1978年)。

17. 〔漢〕趙曄:《吳越春秋》(台北:台灣中華書局,1965 年)。

18. 〔三國〕韋昭註:《國語韋昭註》(台北:藝文印書館,1959 年)。

19. 〔三國〕陸璣:《毛詩草木鳥獸蟲魚疏》,收入《景印文淵閣四庫全書》(台北:台灣商務印書館,1986 年)。

20. 〔晉〕杜預注,〔唐〕陸德明音義,〔唐〕孔穎達正義:《春秋左氏傳注疏》(台北:世界書局,1986 年)。

21. 〔南朝宋〕范曄:《後漢書》(台北:世界書局,1974 年)。

22. 〔唐〕魏徵:《隋書》(台北:藝文印書館,1958 年)。

23. 〔唐〕陸德明:《經典釋文》(台北:藝文印書館,1965 年)。

24. 〔唐〕劉知幾:《史通》,收入《四庫全書存目叢書》(台南:莊嚴文化事業有限公司,1996 年)。

25. 〔宋〕蘇轍:《春秋集解》(北京:中華書局,1985 年)。

26. 〔宋〕鄭樵:《六經奧論》,收入《景印文淵閣四庫全書》(台北:台灣商務印書館,1983 年)。

27. 〔宋〕呂祖謙:《呂氏家塾讀詩記》(台北:新文豐出版社,1984 年)。

28. 〔宋〕朱熹:《詩經集傳》(台北:學海出版社,1992 年)。

29. 〔宋〕朱熹:《詩序辨說》(台北:藝文印書館,1965 年)。

30. 〔宋〕朱熹:《四書章句集注》(北京:中華書局,2003 年)。

31. 〔宋〕黎靖德編,王星賢點校:《朱子語類》(北京:中華書局,1986 年)。

32. 〔宋〕胡安國:《春秋胡氏傳》,收入《四部叢刊續編》(上海:上海書店,1984 年)。

33. 〔宋〕朱鑑:《詩傳遺說》,收入〔清〕徐乾學輯,〔清〕納蘭成德校訂:《通志堂經解》(台北:漢京文化事業有限公司,1985 年)。

34. 〔明〕何良俊:《四友齋叢說》(北京:中華書局,1997 年)。

35. 〔明〕崔述:《讀風偶識》,收入《叢書集成初編》(北京:中華書局,1985年)。

36. 〔清〕章學誠:《文史通義》(台北:世界書局,1989 年)。

37. 〔清〕王引之:《經義述聞》(南京:江蘇古籍出版社,2000 年),影印王氏家刻本。

38. 〔清〕勞孝輿:《春秋詩話》(北京:中華書局,1985 年)。

39. 〔清〕魏源:《詩古微》,收入《續修四庫全書》77 冊(上海:上海古籍

出版社，1995 年）。

40. 〔清〕皮錫瑞：《經學通論》（北京：中華書局，1954 年）。

41. 〔清〕永瑢、紀昀等撰：《武英殿本四庫全書總目提要》（台北：台灣商務印書館，2001 年）。

42. 〔清〕王先謙：《讀經解毛詩類彙編》（台北：藝文印書館，1986 年）。

43. 〔清〕王先謙：《詩三家義集疏》（北京：中華書局，1987 年）。

44. 〔清〕胡承珙：《毛詩後箋》，收入《續修四庫全書》（上海：上海古籍出版社，1995 年）。

45. 〔清〕姚際恆：《詩經通論》（台北：廣文書局，1988 年）。

46. 〔清〕阮元：《研經室集》（台北：台灣商務印書館，1965 年）。

47. 〔清〕嚴可均：《全後漢文》，楊家駱編：《全上古三代秦漢三國六朝文》（台北：世界書局，1982 年）。

48. 〔清〕劉熙載：《藝概》（台北：廣文書局，1980 年）。

49. 〔清〕陳啓源：《毛詩稽古編》，收入《皇清經解毛詩類彙編》（濟南：山東友誼書社，1991 年）。

50. 〔清〕阮元校勘：《十三經注疏・周易正義》（台北：藝文印書館，1955 年）。

51. 〔清〕阮元校勘：《十三經注疏・尚書正義》（台北：藝文印書館，1955 年）。

52. 〔清〕阮元校勘：《十三經注疏・毛詩正義》（台北：藝文印書館，1955 年）。

53. 〔清〕阮元校勘：《十三經注疏・周禮注疏》（台北：藝文印書館，1955 年）。

54. 〔清〕阮元校勘：《十三經注疏・儀禮注疏》（台北：藝文印書館，1955 年）。

55. 〔清〕阮元校勘：《十三經注疏・春秋左傳正義》（台北：藝文印書館，1979 年）。

56. 〔清〕阮元校勘：《十三經注疏・禮記正義》（台北：藝文印書館，1955 年）。

57. 〔清〕阮元校勘：《十三經注疏・論語注疏》（台北：藝文印書館，1989 年）。

58. 〔清〕阮元、陳壽祺、陳喬樅：《三家詩遺説考》（上海：上海古籍出版社，1995 年）。

59. 〔清〕王國維：《樂詩考略》（台北：藝文印書館，1989 年）。

60. 〔清〕焦循：《毛詩補疏》，收入《皇清經解毛詩類彙編》（台北：藝文印

書館，1965年）。

61. 〔清〕孫詒讓著，孫以楷點校：《墨子閒詁》（台北：華正書局，1987年）。

62. 〔清〕于光華校注：《評注昭明文選》（台北：學海出版社，1981年）。

63. 〔清〕陳奐：《詩毛氏傳疏》（台北：廣文書局，1979年）。

64. （日本）竹添光鴻：《左傳會箋》（台北：新文豐出版公司，1987年）。

（二）民國以後專著（依出版年代先後排列）

1. 孫作雲：《詩經與周代社會研究》（北京：中華書局，1966年）。

2. 何定生：《詩經今論》（台北：台灣商務印書館，1968年）。

3. 胡樸安：《詩經學》（台北：商務印書館，1970年）。

4. 郭紹虞：《中國文學批評史》（台北：正大印書館股份有限公司，1971年）。

5. 楊向時：《左傳賦詩引詩考》（台北：中華叢書編審委員會，1972年）。

6. 蔣伯潛：《十三經概論》（台北：中新書局有限公司，1977年）。

7. 童書業：《春秋史》（台北：台灣開明書店，1978年）。

8. 游國恩：《中國文學史》（北京：人民文學出版社，1979年）。

9. 劉大杰：《中國文學發展史》（台北：華正書局，1979年）。

10. 童書業：《春秋左傳研究》（上海：上海人民出版社，1980年）。

11. 吳宏一、呂正惠編：《中國古典文學論文精選叢刊》（台北：幼獅文化事業公司，1980年）。

12. 朱東潤：《詩三百篇探故》（上海：上海古籍出版社，1981年）。

13. 王靜芝：《詩經通論》（台北：國立編譯館，1982年）。

14. 熊公哲等著：《詩經論文集》（台北：黎明文化事業公司，1982年）。

15. 顧頡剛編著：《古史辨》（上海：上海古籍出版社，1982年）。

16. 朱東潤：《詩三百篇探故》（上海：上海古籍出版社，1982年）。

17. 徐復觀：《中國經學史的基礎》（台北：台灣學生書局，1982年）。

18. 張高評：《左傳之文學價值》（台北：文史哲出版社，1982年）。

19. 屈萬里：《詩經研究論集》（台北：台灣學生書局，1983年）。

20. 陳子展撰述，范祥雍、杜月村校閱：《詩經直解》（上海：復旦大學出版社，1983年）。

21. 潘英：《中國上古史新探》（台北：明文書局，1985年）。

22. 黃永武：《中國詩學——思想篇》（台北：巨流圖書公司，1986年）。

23. 程元敏：《三經新義輯考彙評（二）——詩經》（台北：國立編譯館，1986年）。

24. 葉慶炳：《中國文學史》（台北：學生書局，1987年）。

25. 中央研究院：《第二屆國際漢學會議論文集》（台北：中央研究院第二屆國際漢學會議論文集編輯委員會，1989 年）。

26. 梁啓超：《要籍解題及其讀法》（台北：華正書局，1989 年）。

27. 李家樹：《詩經的歷史公案》（台北：大安出版社，1990 年）。

28. 林耀潾：《先秦儒家詩教研究》（，台北：天工書局，1990 年）。

29. 林慶彰編：《詩經研究論集》（台北：台灣學生書局，1990 年）。

30. 劉介民：《比較文學方法論》（台北：時報文化出版事業，1990 年）。

31. 胡適：《胡適文存》（台北：遠東圖書公司，1990 年）。

32. 楊伯峻編著：《春秋左傳注》（北京：中華書局，1990 年）。

33. 魯迅：《漢文學史綱》（台北：風雲時代出版股份有限公司，1990 年）。

34. 糜文開、裴普賢：《詩經欣賞與研究》（台北：三民書局，1991 年）。

35. 張素卿：《左傳稱詩研究》（台北：國立台灣大學出版委員會，1991 年）。

36. 李振興、簡宗梧注譯：《東萊左氏博議》（台北：三民書局，1991 年）。

37. 林慶彰編：《中國經學史論文集》（台北：文史哲出版社，1992 年）。

38. 顏崑陽：《漢代文學與學術思想研討會論文集》（台北：文史哲出版社，1991 年）。

39. 趙制陽：《詩經名著評介》（台北：五南圖書出版公司，1993 年）。

40. 林葉連：《中國歷代詩經學》（台北：台灣學生書局，1993 年）。

41. 曾勤良：《左傳引詩賦詩之詩教研究》（台北：文津出版社，1993 年）。

42. 范文瀾：《文心雕龍注》（台北：台灣開明書店，1993 年）。

43. 許志剛：《詩經勝境及其文化品格》（台北：文津出版社，1993 年）。

44. 余培林：《詩經正詁》（台北：三民書局股份有限公司，1993 年）。

45. 李滌生：《荀子集釋》（台北：台灣學生書局，1994 年）。

46. 王葆玹：《西漢經學源流》（台北：東大圖書股份有限公司，1994 年）。

47. 李旭昇：《詩經古義新證》（台北：文史哲出版社，1994 年）。

48. 董治安：《先秦文獻與先秦文學》（山東：齊魯書社，1994 年）。

49. 夏傳才：《詩經研究史概要》（台北：萬卷樓圖書有限公司，1994 年）。

50. 王禮卿：《四家詩恉會歸》（台中：青蓮出版社，1995 年）。

51. 張松如：《商頌研究》（天津：南開大學出版社，1995 年）。

52. 夏傳才：《思無邪齋詩經論稿》（天津：南開大學出版社，1995 年）。

53. 林耀潾：《西漢三家詩學》（台北：文津出版社有限公司，1996 年）。

54. 林葉連：《詩經論文》（台北：台灣學生書局，1996 年）。

55. 葉國良、夏長樸、李隆獻：《經學通論》（台北：國立空中大學，1997 年）。

56. 康曉城：《先秦儒家詩教思想研究》（台北：文史哲出版社，1998年）。

57. 劉勰著，王更生注譯：《文心雕龍讀本》（台北：文史哲出版社，1999年）。

58. 楊仲義：《詩騷新識》（北京：學苑出版社，1999年）。

59. 陳致宏：《語用學與左傳外交賦詩》（台北：萬卷樓圖書有限公司，2000年）。

60. 屈萬里：《詩經詮釋》（台北：聯經出版社，2000年）。

61. 馬承源編：《上海博物館藏戰國楚竹書（一）、（二）》（上海：上海古籍出版社，2001年）。

62. 楊儒賓編：《中國經典詮釋傳統（三）：文學與道家經典篇》（台北：喜瑪拉雅研究發展基金會，2002年）。

63. 葉至誠、葉立誠：《研究方法與論文寫作》（台北：商鼎文化出版社，2002年）。

64. 李辰冬：《詩經研究》（台北：水牛圖書出版事業有限公司，2002年）。

65. 洪湛侯：《詩經學史》（北京：中華書局，2002年）。

66. 顧德融、朱順龍著：《春秋史》（上海：上海人民出版社，2003年）。

67. 李啟原：《左傳著述考》（台北：國立編譯館，2003年）。

68. 林慶彰：《五十年來的經學研究》（台北：台灣學生書局，2003年）。

69. 林慶彰編：《經學研究論叢》（台北：台灣學生書局，2004年）。

70. 程元敏：《詩序新考》（台北：五南圖書出版公司，2004年）。

71. 俞志慧：《君子儒與詩教》（北京：生活、讀書、新知三聯書店，2005年）。

72. 葉國良、李隆獻合著：《羣經概說》（台北：大安出版社，2005年）。

73. 郁賢皓等注譯：《新譯左傳讀本》（台北：三民書局，2006年）。

74. 夏傳才：《詩經講座》（廣西：廣西師範大學出版社，2007年）。

二、期刊論文

（一）期刊論文（依時間先後排列）

1. 潘重規：〈詩序明辨〉，《學術季刊》第4卷第4期（1955年），頁20～25。

2. 張英琴：〈左傳引詩的研究〉，《思與言》第6卷第6期（1969年），頁36～40。

3. 黃振民：〈論古人之賦詩及引詩〉，《師大學報》第15期（1970年），頁83～95。

4. 楊晉龍：〈朱熹《詩序辨說》述義〉，《中國文哲研究集刊》第12期（1998年3月），頁295～353。

5. 盧景商：〈「毛詩序」的詮釋系統及價值問題〉，《輔仁國文學報》第 15 期（1999 年 5 月），頁 203～232。

6. 張寶三：〈《詩經》詮釋傳統中之「風雅正變」說研究〉，《國立臺灣大學文史哲學報》第 52 期（2000 年 6 月），頁 1～3+5～40。

7. 林葉連：〈「詩經」的愛情教育——以「關雎」篇爲中心〉，《文理通識學術論壇》第 4 期（2000 年 8 月），頁 11～36。

8. 林葉連：〈談〈豳風·七月〉〉，《文理通識學術論壇》第 4 期（2000 年 8 月），頁 37～67。

9. 林慶彰：〈顧頡剛論《詩序》〉，《應用語文學報》第 3 期（2001 年 6 月），頁 77～86。

10. 林葉連：〈《詩經》學的指南——《詩序》〉，《文理通識學術論壇》第 5 期（2001 年 10 月），頁 7～20。

11. 侯作珍：〈從詩序地位的轉變看「詩經」價值之重估〉，《孔孟月刊》第 40 卷第 5 期（2002 年 1 月），頁 26～34。

12. 江口尚純：〈大田錦城之詩序論——以「毛詩大序十謬」爲中心〉，《中國文哲研究通訊》，第 12 卷第 1 期（2002 年 3 月），頁 101～110。

13. 江林昌：〈由古文經學的淵源再論《詩論》與《毛詩序》的關係〉，《魯齊學刊》2002 年第 2 期，頁 100～108。

14. 俞志慧：〈跡熄「詩」亡與春秋賦詩傳統的終結〉，《孔孟月刊》第 40 卷第 10 期，（2002 年 6 月），頁 19～28。

15. 杜薇：〈由《左傳》看春秋時期「賦詩觀志」的社會風尚〉，《洛陽師範學院學報》2002 年第 4 期，頁 49～51。

16. 黃忠慎：〈清代中葉「毛詩」學三大學家解經之歧異——以對「詩序」、「毛傳」、「鄭箋」的依違爲考察基點〉，《國文學誌》第 6 期（2002 年 12 月），頁 91～112。

17. 房瑞麗：〈從《左傳》「賦詩」和上博《詩論》看先秦兩大《詩》學系統〉，《南陽師範學院學報》2003 年第 2 期，頁 82～85。

18. 李春青：〈論先秦「賦詩」、「引詩」的文化意蘊〉，《齊魯學刊》2003 年第 6 期，頁 16～20。

19. 張林川、周春健：〈《左傳》引《詩》的文獻學考察〉，《國文天地》第 19 卷第 2 期（2003 年 7 月），頁 54～58。

20. 張林川、周春健：〈《左傳》引《詩》三論〉，《孔孟學報》第 81 期（2003 年 9 月），頁 69～82。

21. 馬銀琴：〈春秋時代賦引風氣下《詩》的傳播與特點〉，《中國詩歌研究》（2004 年），頁 151～167。

22. 周泉根：〈從春秋賦《詩》的多種解釋看《詩》的實用化軌跡——兼論賦

《詩》的歷史實質〉《中國文化研究》2004 年秋之卷，頁 114～119。

23. 張林川、周春健：〈《左傳》引《詩》範圍的界定〉，《湖北大學學報（哲學社會科學版）》2004 年第 3 期，頁 323～327。

24. 程元敏：〈《毛詩序》之衍成〉，《孔孟學報》第 82 期（2004 年 9 月），頁 29～58。

25. 安性栽：〈《詩經》之「比、興」與春秋「賦詩、引詩」關係考察〉，《廣州大學學報》第 3 卷第 10 期（2004 年 10 月），頁 30～33。

26. 孫嘉鴻：〈詩經采詩說與中國諷諫傳統〉，《嘉南學報》第 30 期（2004 年 12 月），頁 381～393。

27. 檀作文：〈20 世紀以來關于《毛詩序》的作者和時代問題之論爭〉，《社會科學輯刊》2005 年第 5 期，頁 174～179。

28. 王洲明：〈從《左傳》與《史記》稱《詩》引《詩》的對比研究看《毛序》的作期〉，《河北師範大學學報（哲學社會科學版）》第 28 卷第 5 期（2005 年 9 月），頁 74～80。

29. 陳新雄：〈從燕燕詩看詩序之價值〉，《孔孟學報》第 83 期（2005 年 9 月），頁 1～13。

30. 林慶彰：〈《孔子詩論》與《詩序》之比較研究〉，《經學研究集刊》第 1 期（2005 年 10 月），頁 1～12。

31. 顏崑陽：〈論先秦「詩社會文化行為」所展現的「詮釋範型」意義〉，《東華人文學報》第 8 期（2006 年 1 月），頁 55～87。

32. 林葉連：〈《詩經》中的「君子」身分〉，《輔仁國文學報》增刊（2006 年 1 月），頁 53～66。

33. 林葉連：〈《四家詩恉會歸》所論《詩經》篇章作者之研究〉，《漢學研究集刊》第 2 期（2006 年 6 月），頁 49～98。

34. 林葉連：〈《詩經》中「君子」的事例及言行特質〉，《興大中文學報》第 19 期（2006 年 6 月），頁 97～119。

35. 林葉連：〈站回古代時空以解析《詩經》〉，《漢學研究集刊》第 3 期（2006 年 12 月），頁 241～283。

36. 劉暉、曾志東、賀平：〈從《左傳》用《詩》看《詩經》的雅〉，《湖南工程學院學報（社會科學版）》第 16 卷第 4 期（2006 年 12 月），頁 53～56。

37. 陳文采：〈夏傳才對現代《詩經》學的思考與貢獻〉，《國文天地》第 22 卷第 2 期（2006 年 7 月），頁 102～106。

38. 毛振華：〈《左傳》魯人賦詩考論〉，《東方論壇》第 4 期（2006 年 8 月），頁 27～30。

39. 林葉連：〈讀經風氣的興衰及經學的價值〉，《明道通識論叢》第 1 期，（2006 年 9 月），頁 183～205。

40. 毛振華:〈《左傳》賦詩習俗的淵源與流變〉,《中南大學學報(社會科學版)》第 13 卷第 1 期(2007 年 2 月),頁 97～101。

41. 林葉連:〈試論〈邶風・燕燕〉的主旨〉,《國立臺灣科技大學人文社會學報》第 3 期(2007 年 3 月),頁 169～184。

42. 毛振華:〈《左傳》賦詩研究百年述評〉,《湖南大學學報(社會科學版)》第 21 卷第 4 期(2007 年 7 月),頁 87～92。

43. 曹建國、張玖青:〈出土《詩》學簡帛材料研究綜述〉,《漢學研究通訊》第 26 卷第 4 期(2007 年 11 月),頁 12～23。

(二)論文集論文(依出版年代先後排列)

1. 小島祐馬:〈左傳引經考證〉,收入馬導源編譯:《日本漢學研究論文集》(台北:中華叢書編審委員會,1960 年)。

2. 何佑森:〈兩周文學〉,收入《中研院歷史語言研究所集刊》(台北:中央研究院歷史語言研究所,1974 年)。

3. 顏崑陽:〈論漢代文人「悲士不遇」的心靈模式〉,《漢代文學與學術思想研討會論文集》(台北:文史哲出版社,1991 年)。

4. 陳新雄:〈潘石禪師之詩經學〉,《漢學研究之回顧與前瞻國際學術研討會論文集》(台北:國立台灣師範大學國文學系,2006 年)。

三、學位論文(依時間先後排列)

1. 夏鐵生:《左傳國語引詩說詩研究》(台北:台灣大學中文研究所碩士論文,1966 年)。

2. 張成秋:《詩序闡微》(台北:私立文化大學中國文學研究所博士論文,1976 年)。

3. 奚敏芳:《左傳賦詩引詩之研究》(台北:台灣師範大學中文研究所碩士論文,1982 年)。

4. 周聰俊:《饗禮考辨》(台北:國立台灣師範大學中國文學研究所博士論文,1987 年)。

5. 彭武順:《「詩」在周代政治傳播中之應用及其媒介性格之演變》(台北:國立政治大學新聞研究所碩士論文,1987 年)。

6. 車行健:《毛鄭詩經解經學研究》(桃園:國立中央大學中國文學研究所碩士論文,1991 年)。

7. 彭維杰:《毛詩序傳箋「溫柔敦厚」義之探討》(台北:文化大學中國文學研究所碩士論文,1992 年)。

8. 蕭開元:《晚明學者的《詩序》觀》(台北:東吳大學中國文學系碩士論文,1999 年)。

9. 陳致宏：《語用學與《左傳》外交辭令》（台南：國立成功大學中國文學系碩士論文，1999 年）。

10. 林東山：《詩經詮釋方法析論》（宜蘭：佛光人文社會學院文學研究所碩士論文，2000 年）。

11. 郁台紅：《春秋朝聘研究》（新竹：玄奘人文社會學院中國語文研究所碩士論文，2003 年）。

12. 鄭玉姍：《上博（一）孔子詩論研究》（台北：國立台灣師範大學國文研究所碩士論文，2003 年）。

13. 鄭靖暄：《先秦稱詩及其詩經詮釋之研究》（台北：台灣大學中國文學研究所碩士論文，2003 年）。

14. 劉如玲：《〈孔子詩論〉與《詩序》之比較》（新竹：玄奘大學中國語文學系碩士班，2005 年）。

附錄一　《左傳》賦詩與《詩序》對照表

紀　年	事　由	人　物	《詩經》篇名	《毛　詩　序》	詩義判定
隱三年 720B.C.	莊姜美而無子。	衛人	衛風·碩人	碩人，閔莊姜也。莊公惑於嬖妾，使驕上僭。莊姜賢而不荅，終以無子，國人閔而憂之。	史實
閔二年 660B.C.	狄入衛，衛敗師。	許穆夫人	鄘風·載馳	載馳，許穆夫人作也。閔其宗國顛覆，自傷不能救。衛懿公為狄人所滅，國人分散，露於漕邑。許穆夫人閔衛之亡，傷許之小，力不能救，思歸唁其兄，又義不得，故賦是詩也。	史實
閔二年 660B.C.	鄭人使高克率師次于河上，久而弗召，師潰而歸，高克奔陳。	鄭人	鄭風·清人	清人，刺文公也。高克好利而不顧其君，文公惡而欲遠之，不能；使高克將兵而禦狄于竟。陳其師旅，翶翔河上，久而不召，眾散而歸。高克奔陳，公子素惡高克進之不以禮，文公退之不以道，危國亡師之本，故作是詩也。	史實
僖廿三年 637B.C.	晉重耳出亡至秦，秦穆公享之。	晉重耳	河水（韋昭注：小雅·沔水）	逸詩。 沔水，規宣王也。	引申義
		秦穆公	小雅·六月	六月，宣王北伐也。	引申義
文三年 624B.C.	晉人懼其無禮於魯文公，請改盟。魯文公如晉盟，晉侯享之。	晉襄公	小雅·菁菁者莪	菁菁者莪，樂育材也。君子能長育人材，則天下喜樂之矣。	斷章取義
		魯文公	大雅·嘉樂	假樂，嘉成王也。	引申義
文四年 623B.C.	衛甯武子來聘，魯文公與之宴。	魯文公	小雅·湛露	湛露，天子燕諸侯也。	詩本義
			小雅·彤弓	彤弓，天子錫有功諸侯也。	詩本義
文六年 621B.C.	秦人哀三良之殉。	秦人	秦風·黃鳥	黃鳥，哀三良也。國人刺穆公以人從死，而作是詩也。	史實

文七年 620B.C.	先蔑、士會迎公子雍於秦，荀林父止之。	晉荀林父	大雅·板之三章	板，凡伯刺厲王也。	詩本義
文十三年 614B.C.	鄭伯與魯文公宴于棐，請平于晉。	鄭子家	小雅·鴻鴈	鴻鴈，美宣王也。萬民離散，不安其居，而能勞來還定安集之，至于矜寡，無不得其所焉。	引申義
		魯季文子	小雅·四月	四月，大夫刺幽王也。在位貪殘，下國構禍，怨亂並興焉。	引申義
		鄭子家	鄘風·載馳四章	載馳，許穆夫人作也。閔其宗國顛覆，自傷不能救也。衛懿公為狄人所滅，國人分散，露於漕邑。許穆夫人閔衛之亡，傷許之小，力不能救，思歸唁其兄，又義不得，故賦是詩也。	引申義
		魯季文子	小雅·采薇四章	采薇，遣戍役也。文王之時，西有昆夷之患，北有玁狁之難，以天子之命，命將率，遣戍役，以守衛中國，故歌采薇以遣之，出車以勞還，杕杜以勤歸也。	斷章取義
成九年 582B.C.	季文子如宋致女，復命，公享之。	魯季文子	大雅·韓奕之五章	韓奕，尹吉甫美宣王也。能錫命諸侯。	斷章取義
		魯穆姜	邶風·綠衣之卒章	綠衣，衛莊姜傷己也。妾上僭，夫人失位，而作是詩也。	斷章取義
襄四年 569B.C.	魯穆叔如晉，晉侯享之。	晉悼公（使工歌）	大雅·文王之三（文王、大明、緜）	文王，文王受命作周也。	引申義
				大明，文王有明德，故天復命武王也。	引申義
				緜，文王之興，本由大王也。	引申義
			小雅·鹿鳴之三（鹿鳴、四牡、皇皇者華）	鹿鳴，燕群臣嘉賓也。既飲食之，又實幣帛筐篚，以將其厚意，然後忠臣嘉賓得盡其心矣。	詩本義
				四牡，勞使臣之來也。有功而見知，則說矣。	詩本義
				皇皇者華，君遣使臣也。送之以禮樂，言遠而有光華也。	詩本義
襄八年 565B.C.	晉范宣子聘魯，告將用師于鄭。魯襄公享之。	晉范宣子	召南·摽有梅	摽有梅，男女及時也。召南之國，被文王之化，男女得以及時也。	斷章取義
		魯季武子	小雅·角弓	角弓，父兄刺幽王也。不親九族而好讒佞，骨肉相怨，故作是詩也。	引申義
			小雅·彤弓	彤弓，天子錫有功諸侯也。	詩本義

襄十四年595B.C.	將執戎子駒支,晉范宣子親數諸朝。	戎子駒支	小雅・青蠅	青蠅,大夫刺幽王也。	引申義
襄十四年595B.C.	諸侯之大夫從晉侯伐秦,及涇,不濟。叔向見叔孫穆子。	魯叔孫穆子	邶風・匏有苦葉	匏有苦葉,刺衛宣公也。公與夫人並為淫亂。	引申義
襄十四年595B.C.	衛獻公戒孫文子、甯惠子食。日旰不召。	衛獻公	小雅・巧言之卒章	巧言,刺幽王也。大夫傷於讒,故作是詩也。	引申義
襄十六年593B.C.	穆叔如晉聘,且言齊故。見中行獻子、范宣子。	魯叔孫穆子	小雅・祈父	祈父,刺宣王也。	引申義
			小雅・鴻鴈之卒章	鴻鴈,美宣王也。萬民離散,不安其居,而能勞來還定安集之,至于矜寡,無不得其所焉。	引申義
襄十九年590B.C.	季武子如晉拜師,晉侯享之。	晉范宣子	小雅・黍苗	黍苗,刺幽王也。不能膏潤天下,卿士不行召伯之職焉。	斷章取義
		魯季武子	小雅・六月	六月,宣王北伐也。	引申義
襄十九年590B.C.	齊及晉平,穆叔會范宣子于柯。見叔向。	魯叔孫穆子	鄘風・載馳之四章	載馳,許穆夫人作也。閔其宗國顛覆,自傷不能救也。衛懿公為狄人所滅,國人分散,露於漕邑。許穆夫人閔衛之亡,傷許之小,力不能救,思歸唁其兄,又義不得,故賦是詩也。	引申義
襄二十年589B.C.	季武子如宋,報向戌之聘。歸復命,襄公享之。	魯季武子	小雅・常棣之七章以卒	常棣,燕兄弟也。閔管蔡之失道,故作常棣焉。	引申義
			小雅・魚麗之卒章	魚麗,美萬物盛多,能備禮也。文武以天保以上治內,采薇以下治外,始於憂勤,終於逸樂,故美萬物盛多,可以告於神明矣。	引申義
		魯襄公	小雅・南山有臺	南山有臺,樂得賢也。得賢則能為邦家立太平之基矣。	詩本義
襄廿六年583B.C.	晉人執衛侯。齊侯、鄭伯為衛侯故如晉。晉侯兼享之。	晉平公	大雅・嘉樂	假樂,嘉成王也。	引申義
		齊國景子	小雅・蓼蕭	蓼蕭,澤及四海也。	引申義
		鄭子展	鄭風・緇衣	緇衣,美武公也。父子並為周司徒,善於其職,國人宜之。故美其德,以明有國善善之功焉。	引申義
		齊國景子	轡之柔矣	逸詩	
		鄭子展	鄭風・將仲子兮	將仲子,刺莊公也。不勝其母,以害其弟。弟叔失道而公弗制,祭仲諫而公弗聽,小不忍以致大亂焉。	引申義

襄廿七年 582B.C.	齊慶封聘魯，叔孫與慶封食，不敬。	魯叔孫穆子	鄘風·相鼠	相鼠，刺無禮也。衛文公能正其群臣而刺在位，承先君之化，無禮儀也。	詩本義
襄廿七年 582B.C.	鄭伯享趙孟于垂隴。	鄭子展	召南·草蟲	草蟲，大夫妻能以禮自防也。	引申義
		鄭伯有	鄘風·鶉之奔奔	鶉之奔奔，刺衛宣姜也。衛人以為宣姜鶉鵲之不若也。	引申義
		鄭子西	小雅·黍苗之四章	黍苗，刺幽王也。不能膏潤天下，卿士不能行召伯之職焉。	引申義
		鄭子產	小雅·隰桑	隰桑，刺幽王也。小人在位，君子在野，思見君子，盡心以事之。	引申義
		鄭子大叔	鄭風·野有蔓草	野有蔓草，思遇時也。君之澤不下流，民窮於兵革，男女失時，思不期而會焉。	引申義
		鄭印段	唐風·蟋蟀	蟋蟀，刺晉僖公也。儉不中禮，故作是詩以閔之，欲其及時以禮自虞樂也。此晉也，而謂之唐，本其風俗，憂深思遠，儉而用禮，乃有堯之遺風焉。	引申義
		鄭公孫段	小雅·桑扈	桑扈，刺幽王也。君臣上下動無禮文焉。	引申義
襄廿七年 582B.C.	楚薳罷如晉蒞盟，晉侯享之。	楚薳罷	大雅·既醉	既醉，大平也。醉酒飽德，人有士君子之行焉。	引申義
襄廿八年 581B.C.	齊慶封奔魯，叔孫穆子食慶封，慶封汜祭。	魯叔孫穆子（使工為之誦）	茅鴟	逸詩	
襄廿九年 580B.C.	襄公自楚還，及方城，欲無入，榮成伯賦詩勸歸。	魯榮成伯	邶風·式微	式微，黎侯寓于衛，其臣勸以歸也。	引申義
昭元年 541B.C.	楚令尹子圍享趙孟。	楚公子圍	大雅·大明之首章	大明，文王有明德，故天復命武王也。	引申義
		晉趙孟	小雅·小宛之二章	小宛，大夫刺宣王也。	詩本義
昭元年 541B.C.	趙孟、叔孫豹、曹大夫入于鄭，鄭伯兼享之。戒禮畢而趙孟賦詩。禮終乃宴。	晉趙孟	小雅·瓠葉	瓠葉，大夫刺幽王也。上棄禮而不能行，雖有牲牢饔餼，不肯用也，故思古之人，不以微薄廢禮焉。	引申義
		魯叔孫豹	召南·鵲巢	鵲巢，夫人之德也。國君積行累功，以致爵位，夫人起家而居有之，德如鳲鳩，乃可以配焉。	引申義

昭元年 541B.C.	趙孟、叔孫豹、曹大夫入于鄭，鄭伯兼享之。戒禮畢而趙孟賦詩。禮終乃宴。	魯叔孫豹	召南·采繁	采繁，夫人不失職也。夫人可以奉祭祀，則不失職矣。	引申義
		鄭子皮	召南·野有死麕之卒章	野有死麕，惡無禮也。天下大亂，彊暴相陵，遂成淫風。被文王之化，雖當亂世，猶惡無禮也。	引申義
		晉趙孟	小雅·常棣	常棣，燕兄弟也。閔管蔡之失道，故作常棣焉。	引申義
昭二年 540B.C.	晉韓宣子來聘，且告為政而見。昭公享之。既享，宴于季氏。	魯季武子	大雅·緜之卒章	緜，文王之興，本由大王也。	引申義
		晉韓宣子	小雅·角弓	角弓，父兄刺幽王也。不親九族而好讒佞，骨肉相怨，故作是詩也。	引申義
		魯季武子	小雅·節之卒章	節南山，家父刺幽王也。	引申義
		魯季武子	召南·甘棠	甘棠，美召伯也。召伯之教，明於南國。	引申義
昭二年 540B.C.	晉韓宣子聘於衛，衛侯享之。	衛 北宮文子	衛風·淇澳	淇奧，美武公之德也。有文章，又能聽其規諫，以禮自防，故能入相于周，美而作是詩也。	引申義
		晉韓宣子	衛風·木瓜	木瓜，美齊桓公也。衛國有狄人之敗，出處于漕，齊桓公救而封之，遺之車馬器服焉。衛人思之，欲厚報之，而作是詩也。	詩本義
昭三年 539B.C.	鄭伯如楚，子產相。楚子享之。	楚靈王	小雅·吉日	吉日，美宣王田也。能慎微接下，無不自盡以奉其上焉。	引申義
昭十二年 530B.C.	宋華定來聘，通嗣君也。魯昭公享之。	魯昭公	小雅·蓼蕭	蓼蕭，澤及四海也。	引申義
昭十六年 526B.C.	鄭六卿餞晉韓宣子於郊。	鄭子蕭	鄭風·野有蔓草	野有蔓草，思遇時也。君之澤不下流，民窮於兵革，男女失時，思不期而會焉。	引申義
		鄭子產	鄭風·鄭之羔裘	羔裘，刺朝也。言古之君子，以風其朝焉。	引申義
		鄭子大叔	鄭風·褰裳	褰裳，思見正也。狂童恣行，國人思大國之正己也。	引申義
		鄭子游	鄭風·風雨	風雨，思君子也。亂世則思君子不改其度焉。	引申義
		鄭子旗	鄭風·有女同車	有女同車，刺忽也。鄭人刺忽之不昏于齊。太子忽嘗有功于齊，齊侯請妻之。齊女賢而不取。卒以無大國之助，至於見逐，故國人刺之。	引申義

昭十六年 526B.C.	鄭六卿餞晉韓宣子於郊。	鄭子柳	鄭風・蘀兮	蘀兮，刺忽也。君弱臣強，不倡而和也。	引申義
		晉韓宣子 （韓起）	周頌・我將	我將，祀文王於明堂也。	引申義
昭十七年 525B.C.	小邾穆公來朝，昭公與之燕。	魯季平子	小雅・采菽	采菽，刺幽王也。侮慢諸侯，諸侯來朝，不能錫命以禮，數徵會之，而無信義，君子見微而思古焉。	引申義
		小邾穆公	小雅・菁菁者莪	菁菁者莪，樂育材也。君子能長育人材，則天下喜樂之矣。	詩本義
昭廿五年 517B.C.	叔孫婼聘于宋，宋公享之。	宋元公	新宮	逸詩	
		魯叔孫婼	小雅・車舝	車舝，大夫刺幽王也。褒姒嫉妒，無道並進，讒巧敗國，德澤不加於民。周人思得賢女以配君子，故作是詩也。	詩本義
定四年 506B.C.	申包胥如秦乞師。	秦哀公	秦風・無衣	無衣，刺用兵也。秦人刺其君好攻戰，亟用兵，而不與民同欲焉。	斷章取義

附錄二 《左傳》引詩與《詩序》對照表

紀　年	人　物	《詩經》篇名	詩　句	《毛　詩　序》	詩義判定
隱元年722B.C.	君子	大雅・既醉	詩曰：孝子不匱，永錫爾類。	既醉，大平也。醉酒飽德，人有士君子之行焉。	斷章取義
隱三年719B.C.	君子	召南・采蘩召南・采蘋大雅・泂酌大雅・行葦	苟有明信，澗谿沼沚之毛，蘋蘩薀藻之菜，筐筥錡釜之器，潢汙行潦之水，可薦於鬼神，可羞於王公。風有〈采蘩〉、〈采蘋〉，雅有〈泂酌〉、〈行葦〉。	采蘩，夫人不失職也。夫人可以奉祭祀，則不失職矣。	引申義
				采蘋，大夫妻能循法度也。能循法度，則可以承先祖共祭祀矣。	引申義
				泂酌，召康公戒成王也。言皇天親有德，饗有道也。	引申義
				行葦，忠厚也。周家忠厚，仁及草木，故能內睦九族，外尊事黃耇，養老乞言，以成其福祿焉。	引申義
隱三年719B.C.	君子	商頌・玄鳥	商頌：殷受命咸宜，百祿是荷。	玄鳥，祀高宗也。	引申義
桓六年706B.C.	鄭太子忽	大雅・文王	詩云：自求多福。	文王，文王受命作周也。	斷章取義
桓十二年700B.C.	君子	小雅・巧言	詩云：君子屢盟，亂是用長。	巧言，刺幽王也。大夫傷於讒，故作是詩也。	引申義
莊六年688B.C.	君子	大雅・文王	詩云：本枝百世。	文王，文王受命作周也。	引申義
莊廿二年672B.C.	陳公子完	逸詩	詩云：翹翹東乘，招我以弓，豈不欲往，畏我友朋。		
閔元年661B.C.	齊管仲	小雅・出車	詩云：豈不懷歸，畏此簡書。	出車，勞還率也。	詩本義
僖五年655B.C.	晉士蔿	大雅・板	詩云：懷德惟寧，宗子惟城。	板，凡伯刺厲王也。	詩本義

僖九年 651B.C.	君子	大雅・抑	詩所謂：白圭之玷，尚可磨也，斯言之玷，不可爲也。	抑，衛武公刺厲王，亦以自警也。	斷章取義
僖九年 651B.C.	秦公孫枝 （子桑）	大雅・皇矣	詩曰：不識不知，順帝之則。	皇矣，美周也。天監代殷，莫若周，周世世脩德，莫若文王。	詩本義
		大雅・抑	詩曰：不僭不賊，鮮不爲則。	抑，衛武公刺厲王，亦以自警也。	詩本義
僖十二年 648B.C.	君子	大雅・旱麓	詩曰：愷悌君子，神所勞矣。	旱麓，受祖也。周之先祖，世脩后稷公劉之業，大王王季申以百福千祿焉。	引申義
僖十五年 645B.C.	晉韓簡	小雅・十月之交	詩曰：下民之孽，匪降自天，僔沓背憎，職競由人。	十月之交，大夫刺幽王也。	詩本義
僖十九年 641B.C.	宋子魚	大雅・思齊	詩曰：刑于寡妻，至于兄弟，以御于家邦。	思齊，文王所以聖也。	詩本義
僖二十年 640B.C.	君子	召南・行露	詩曰：豈不夙夜，謂行多露。	行露，召伯聽訟也。衰亂之俗微，貞信之教興，彊暴之男不能侵陵貞女也。	引申義
僖廿二年 638B.C.	周富辰	小雅・正月	詩曰：協比其鄰，昏姻孔云。	正月，大夫刺幽王也。	引申義
僖廿二年 638B.C.	魯臧文仲	小雅・小旻	詩曰：戰戰兢兢，如臨深淵，如履薄冰。	小旻，大夫刺幽王也。	詩本義
		周頌・敬之	又曰：敬之敬之，天惟顯思，命不易哉。	敬之，群臣進戒嗣王也。	詩本義
僖廿四年 636B.C.	周富辰	小雅・常棣	詩曰：常棣之華，鄂不韡韡，凡今之人，莫如兄弟。	常棣，燕兄弟也。閔管蔡之失道，故作常棣焉。	引申義
		小雅・常棣	其四章曰：兄弟鬩于牆，外禦其侮。	常棣，燕兄弟也。閔管蔡之失道，故作常棣焉。	引申義
僖廿四年 636B.C.	君子	曹風・候人	詩曰：彼己之子，不稱其服。	候人，刺近小人也。共公遠君子而好近小人焉。	引申義
		小雅・小明	詩曰：自詒伊慼。	小明，大夫悔仕於亂世也。	引申義
僖廿八年 632B.C.	君子	大雅・民勞	詩云：惠此中國，以綏四方。	民勞，召穆公刺厲王也。	引申義
僖卅三年 627B.C.	晉臼季	邶風・谷風	詩曰：采葑采菲，無以下體。	谷風，刺夫婦失道也。衛人化其上，淫於新昏而棄其舊室，夫婦離絕，國俗傷敗焉。	引申義

文元年 626B.C.	秦穆公	大雅・桑柔	詩曰：大風有隧，貪人敗類，聽言則對，誦言如醉，匪用其良，覆俾我悖。	桑柔，芮伯刺厲王也。	詩本義
文二年 625B.C.	君子	小雅・巧言	詩曰：君子如怒，亂庶遄沮。	巧言，刺幽王也。大夫傷於讒，故作是詩也。	斷章取義
		大雅・皇矣	又曰：王赫斯怒，爰整其旅。	皇矣，美周也。天監代殷，莫若周，周世世脩德，莫若文王。	引申義
文二年 625B.C.	晉趙衰	大雅・文王	詩曰：毋念爾祖，聿脩厥德。	文王，文王受命作周也。	引申義
文二年 625B.C.	君子	魯頌・閟宮	魯頌曰：春秋匪解，享祀不忒，皇皇后帝，皇祖后稷。	閟宮，頌僖公能復周公之宇也。	引申義
		邶風・泉水	詩曰：問我諸姑，遂及伯姊。	泉水，衛女思歸也。嫁於諸侯，父母終，思歸寧而不得，故作是詩以自見也。	引申義
文三年 624B.C.	君子	召南・采蘩	詩曰：于以采蘩，于沼于沚，于以用之，公侯之事。	采蘩，夫人不失職也。夫人可以奉祭祀，則不失職矣。	引申義
		大雅・烝民	夙夜匪解，以事一人。	烝民，尹吉甫美宣王也。任賢使能，周室中興焉。	引申義
		大雅・文王有聲	詒厥孫謀，以燕翼子。	文王有聲，繼伐也。武王能廣文王之聲，卒其伐功也。	引申義
文四年 623B.C.	君子	周頌・我將	詩曰：畏天之威，于時保之。	我將，祀文王於明堂也。	引申義
文四年 623B.C.	君子	大雅・皇矣	詩云：惟彼二國，其政不獲，惟此四國，爰究爰度。	皇矣，美周也。天監代殷，莫若周，周世世脩德，莫若文王。	引申義
文六年 621B.C.	君子	大雅・瞻卬	詩曰：人之云亡，邦國殄瘁。	瞻卬，凡伯刺幽王大壞也。	詩本義
文七年 620B.C.	宋樂豫	王風・葛藟	〈葛藟〉猶能庇其本根。	葛藟，王族刺平王也。周室道衰，棄其九族焉。	引申義
文十年 617B.C.	楚子舟	大雅・烝民	詩曰：剛亦不吐，柔亦不茹。	烝民，尹吉甫美宣王也。任賢使能，周室中興焉。	詩本義
		大雅・民勞	毋縱詭隨，以謹罔極。	民勞，召穆公刺厲王也。	詩本義

文十五年 612B.C.	魯季文子	小雅・雨無正	詩曰：胡不相畏，不畏于天。	雨無正，大夫刺幽王也。雨自上下者也，眾多如雨，而非所以爲政也。	詩本義
		周頌・我將	周頌曰：畏天之威，于時保之。	我將，祀文王於明堂也。	詩本義
宣二年 607B.C.	君子	小雅・角弓	詩所謂：人之無良。	角弓，父兄刺幽王也。不親九族而好讒佞，骨肉相怨，故作是詩也，	引申義
宣二年 607B.C.	晉士季	大雅・蕩	詩曰：靡不有初，鮮克有終。	蕩，召穆公傷周室大壞也。厲王無道，天下蕩蕩，無綱紀文章，故作是詩也。	引申義
		大雅・烝民	又曰：袞職有闕，惟仲山甫補之。	烝民，尹吉甫美宣王也。任賢使能，周室中興焉。	引申義
宣二年 607B.C.	晉趙盾	邶風・雄雉	我之懷矣，自詒伊慼。	雄雉，刺衛宣公也。淫亂不恤國事，軍旅數起，大夫久役，男女怨曠，國人患之而作是詩。	引申義
宣九年 600B.C.	孔子	大雅・板	詩云：民之多辟，無自立辟。	板，凡伯刺厲王也。	詩本義
宣十一年 598B.C.	晉郤成子	周頌・賚	詩云：文王既勤止。	賚，大封于廟也。賚，予也，言所以錫予善人也。	詩本義
宣十二年 597B.C.	晉士會 （隨武子）	周頌・酌	汋曰：於鑠王師，遵養時晦。	酌，告成大武也。言能酌先祖之道，以養天下也。	詩本義
		周頌・武	武曰：無競惟烈。	武，奏大武也。	詩本義
宣十二年 597B.C.	楚孫叔敖	小雅・六月	詩云：元戎十乘，以先啓行。	六月，宣王北伐也。	斷章取義
宣十二年 597B.C.	楚莊王	周頌・時邁	頌曰：載戢干戈，載櫜弓矢，我求懿德，肆于時夏，允王保之。	時邁，巡守告祭柴望也。	詩本義
		周頌・武	武卒章：耆定爾功。	武，奏大武也。	詩本義
		周頌・賚	其三曰：鋪時繹思，我徂維求定。	賚，大封於廟也。賚，予也，言所以錫予善人也。	詩本義
		周頌・桓	其六曰：綏萬邦，屢豐年。	桓，講武類禡也。桓，武志也。	詩本義
宣十二年 597B.C.	君子	小雅・四月	詩曰：亂離瘼矣，爰其適歸。	四月，大夫刺幽王也。在位貪殘，下國構禍，怨亂並興焉。	引申義
宣十五年 594B.C.	晉羊舌職	大雅・文王	詩曰：陳錫哉周。	文王，文王受命作周也。	詩本義

宣十六年 593B.C.	晉羊舌職	小雅・小旻	詩曰：戰戰兢兢，如臨深淵，如履薄冰。	小旻，大夫刺幽王也。	引申義
宣十七年 592B.C.	晉范武子 （士會）	小雅・巧言	詩曰：君子如怒，亂庶遄沮，君子如祉，亂庶遄已。	巧言，刺幽王也。大夫傷於讒，故作是詩也。	引申義
成二年 589B.C.	齊賓媚人 （國佐）	大雅・既醉	詩曰：孝子不匱，永錫爾類。	既醉，大平也。醉酒飽德，人有士君子之行焉。	詩本義
		小雅・信南山	詩曰：我疆我理，南東其畝。	信南山，刺幽王也。不能脩成王之業，疆理天下，以奉禹功，故君子思古焉。	詩本義
		商頌・長發	詩曰：布政優優，百祿是遒。	長發，大禘也。	詩本義
成二年 589B.C.	楚申叔跪	鄘風・桑中	〈桑中〉之喜	桑中，刺奔也。衛之公室淫亂，男女相奔，至于世族在位，相竊妻妾，期於幽遠。政散民流，而不可止。	引申義
成二年 589B.C.	楚子重	大雅・文王	詩曰：濟濟多士，文王以寧。	文王，文王受命作周也。	詩本義
成二年 589B.C.	君子	大雅・假樂	詩曰：不解于位，民之攸塈。	假樂，嘉成王也。	引申義
成四年 587B.C.	魯季文子	周頌・敬之	詩曰：敬之敬之，天惟顯思，命不易哉。	敬之，群臣進戒嗣王也。	引申義
成七年 584B.C.	魯季文子	小雅・節南山	詩曰：不弔昊天，亂靡有定。	節南山，家父刺幽王也，	詩本義
成八年 583B.C.	魯季文子	衛風・氓	詩曰：女也不爽，士貳其行，士也罔極，二三其德。	氓，刺時也。宣公之時，禮義消亡，淫風大行，男女無別，遂相奔誘；華落色衰，復相棄背；或乃困而自悔，喪其妃耦。故序其事以風焉，美反正，刺淫泆也。	引申義
		大雅・板	詩曰：猶之未遠，是用大簡。	板，凡伯刺厲王也。	詩本義
成八年 583B.C.	君子	大雅・旱麓	詩曰：愷悌君子，遐不作人。	旱麓，受祖也。周之先祖，世脩后稷公劉之業，大王王季，申以百福千祿焉。	引申義
成九年 582B.C.	君子	逸詩	詩曰：雖有絲麻，無棄菅蒯，雖有姬姜，無棄蕉萃，凡百君子，莫不代匱。		

成十二年 579B.C.	晉郤至	周南・兔罝	詩曰：赳赳武夫，公侯干城。	兔罝，后妃之化也。關雎之化行，則莫不好德，賢人眾多也。	斷章取義
		周南・兔罝	詩曰：赳赳武夫，公侯腹心。	兔罝，后妃之化也。關雎之化行，則莫不好德，賢人眾多也。	斷章取義
成十四年 577B.C.	衛甯惠子	小雅・桑扈	詩曰：兕觥其觩，旨酒思柔，彼交匪傲，萬福來求。	桑扈，刺幽王也。君臣上下動無禮文焉。	引申義
成十六年 575B.C.	楚申叔時	周頌・思文	詩曰：立我烝民，莫匪爾極。	思文，后稷配天也。	詩本義
襄二年 571B.C.	君子	大雅・抑	詩曰：其惟哲人，告之話言，順德之行。	抑，衛武公刺厲王，亦以自警也。	引申義
		周頌・豐年	詩曰：為酒為醴，烝畀祖妣，以洽百禮，降福孔偕。	豐年，秋冬報也。	引申義
襄三年 570B.C.	君子	小雅・裳裳者華	詩云：惟其有之，是以似之。	裳裳者華，刺幽王也。古之仕者世祿，小人在位，則讒諂並進，棄賢者之類，絕功臣之世焉。	詩本義
襄五年 568B.C.	君子	逸詩	詩曰：周道挺挺，我心扃扃，講事不令，集人來定。		
襄七年 566B.C.	晉穆子 （公族大夫）	召南・行露	詩曰：豈不夙夜，謂行多露。	行露，召伯聽訟也。衰亂之俗微，貞信之教興，彊暴之男不能侵陵貞女也。	引申義
		小雅・節南山	又曰：弗躬弗親，庶民弗信。	節南山，家父刺幽王也。	詩本義
		小雅・小明	詩曰：靖共爾位，好是正直，神之聽之，介爾景福。	小明，大夫悔仕於亂世也。	詩本義
襄七年 566B.C.	魯叔孫豹 （穆叔）	召南・羔羊	詩曰：退食自公，委蛇委蛇。	羔羊，鵲巢之功致也。召南之國化文王之政，在位皆節儉正直，德如羔羊也。	引申義
襄八年 565B.C.	鄭子駟	逸詩	周詩有之曰：俟河之清，人壽幾何？兆云詢多，職競作羅。		
襄八年 565B.C.	鄭子駟	小雅・小旻	詩云：謀夫孔多，是用不集，發言盈庭，誰敢執其咎？如匪行邁謀，是用不得于道。	小旻，大夫刺幽王也。	詩本義

襄八年 565B.C.	鄭伯騑	小雅・四牡 或 小雅・采薇	不遑啓處。	四牡，勞使臣之來也，有功而見知，則說矣。 采薇，遣戍役也。文王之時，西有昆夷之患，北有玁狁之難，以天子之命，命將率，遣戍役，以守衛中國，故歌采薇以遣之。出車以勞還，杕杜以勤歸也。	詩本義
襄十年 563B.C.	魯孟獻子	邶風・簡兮	詩所謂：有力如虎。	簡兮，刺不用賢也。衛之賢者仕於伶官，皆可以承事王者也。	詩本義
襄十一年 562B.C.	晉魏絳	小雅・采菽	詩曰：樂只君子，殿天子之邦，樂只君子，福祿攸同，便蕃左右，亦是帥從。	采菽，刺幽王也。侮慢諸侯，諸侯來朝，不能錫命以禮，數徵會之，而無信義，君子見微而思古焉。	詩本義
襄十三年 560B.C.	君子	大雅・文王	詩曰：儀刑文王，萬邦作孚。	文王，文王受命作周也。	詩本義
		小雅・北山	詩曰：大夫不均，我從事獨賢。	北山，大夫刺幽王也。役使不均，己勞於從事，而不得養其父母焉。	斷章 取義
襄十三年 560B.C.	君子	小雅・節南山	詩曰：不弔昊天，亂靡有定。	節南山，家父刺幽王也。	詩本義
襄十四年 559B.C.	君子	小雅・都人士	詩曰：行歸于周，萬民所望。	都人士，周人刺衣服無常也。古者長民，衣服不貳，從容有常，以齊其民，則民德歸壹，傷今不復見古人也。	詩本義
襄十四年 559B.C.	晉士鞅	召南・甘棠	周人之思召公焉，愛其甘棠，況其子乎？	甘棠，美召伯也。召伯之教，明於南國。	詩本義
襄十五年 558B.C.	君子	周南・卷耳	詩云：嗟我懷人，寘彼周行。	卷耳，后妃之志也。又當輔佐君子，求賢審官，知臣下之勤勞，內有進賢之志，而無險詖私謁之心，朝夕思念，至於憂勤也。	引申義
襄廿一年 552B.C.	晉叔向	逸詩	詩云：優哉游哉，聊以卒歲。		
襄廿一年 552B.C.	晉叔向	大雅・抑	詩曰：有覺德行，四國順之。	抑，衛武公刺厲王，亦以自警也。	詩本義
襄廿一年 552B.C.	晉祁奚	周頌・烈文	詩曰：惠我無疆，子孫保之。	烈文，成王即政，諸侯助祭也。	詩本義

襄廿二年 551B.C.	君子	大雅·抑	詩曰：慎爾侯度，用戒不虞。	抑，衛武公刺厲王，亦以自警也。	詩本義
襄廿四年 549B.C.	鄭子產	小雅·南山有台	詩云：樂只君子，邦家之基。	南山有台，樂得賢也。得賢則能爲邦家立太平之基矣。	詩本義
		大雅·大明	上帝臨汝，無貳爾心。	大明，文王有明德，故天復命武王也。	斷章取義
襄廿五年 548B.C.	衛大叔儀	小雅·小弁	詩所謂：我躬不說，皇恤我後。	小弁，刺幽王也。大子之傅作焉。	引申義
		大雅·烝民	詩曰：夙夜匪解，以事一人。	烝民，尹吉甫美宣王也。任賢使能，周室中興焉。	引申義
襄廿六年 547B.C.	蔡聲子	大雅·瞻卬	詩曰：人之云亡，邦國殄瘁。	瞻卬，凡伯刺幽王大壞也。	詩本義
		商頌·殷武	商頌有之曰：不僭不濫，不敢怠惶，命于下國，封建厥福。	殷武，祀高宗也。	詩本義
襄廿七年 546B.C.	晉趙文子	小雅·桑扈	匪交匪敖。	桑扈，刺幽王也。君臣上下動無禮文焉。	詩本義
襄廿七年 546B.C.	君子	鄭風·羔裘	彼己之子，邦之司直。	羔裘，刺朝也。言古之君子以風其朝焉。	詩本義
		周頌·維天之命	何以恤我，我其收之。	維天之命，大平告文王也。	引申義
襄廿八年 545B.C.	魯穆叔	召南·采蘋	濟澤之阿，行潦之蘋藻，寘諸宗室，季蘭尸之。	采蘋，大夫妻能循法度也。能循法度，則可以承先祖共祭祀矣。	引申義
襄廿九年 544B.C.	鄭子展	小雅·四牡或小雅·采薇	詩云：王事靡盬，不遑啓處。	四牡，勞使臣之來也。有功而見知，則說矣。采薇，遣戍役也。文王之時，西有昆夷之患，北有玁狁之難，以天子之命，命將率，遣戍役，以守衛中國，故歌采薇以遣之。出車以勞還，杕杜以勤歸也。	詩本義
襄廿九年 544B.C.	鄭子大叔	小雅·正月	詩曰：協比其鄰，昏姻孔云。	正月，大夫刺幽王也。	引申義
襄廿九年 544B.C.	鄭裨諶	小雅·巧言	詩曰：君子屢盟，亂是用長。	巧言，刺幽王也。大夫傷於讒，故作是詩也。	詩本義
襄三十年 543B.C.	君子	大雅·文王	詩曰：文王陟降，在帝左右。	文王，文王受命作周也。	引申義
		逸詩	又曰：淑慎爾止，無載爾偽。		

襄卅一年 542B.C.	晉叔向	大雅・板	詩曰：辭之輯矣，民之協矣，辭之繹矣，民之莫矣。	板，凡伯刺厲王也。	詩本義
襄卅一年 542B.C.	衛 北宮文子	大雅・桑柔	詩云：誰能執熱，逝不以濯。	桑柔，芮伯刺厲王也。	引申義
襄卅一年 542B.C.	衛 北宮文子	大雅・蕩	詩云：靡不有初，鮮克有終。	蕩，召穆公傷周室大壞也。厲王無道，天下蕩蕩，無綱紀文章，故作是詩也。	引申義
		大雅・抑	詩云：敬慎威儀，惟民之則。	抑，衛武公刺厲王，亦以自警也。	詩本義
		邶風・柏舟	衛詩曰：威儀棣棣，不可選也。	柏舟，言仁而不遇也。衛頃公之時，仁人不遇，小人在側。	詩本義
		大雅・既醉	周詩曰：朋友攸攝，攝以威儀。	既醉，大平也。醉酒飽德，人有士君子之行焉。	詩本義
		大雅・皇矣	詩云：不識不知，順帝之則。	皇矣，美周也。天監代殷，莫若周，周世世脩德，莫若文王。	詩本義
昭元年 541B.C.	晉趙文子 （趙孟）	大雅・抑	詩曰：不僭不賊，鮮不爲則。	抑，衛武公刺厲王，亦以自警也。	詩本義
昭元年 541B.C.	晉樂王鮒	小雅・小旻	小旻之卒章	小旻，大夫刺幽王也。	詩本義
昭元年 541B.C.	晉叔向	小雅・正月	詩曰：赫赫宗周，褒姒滅之。	正月，大夫刺幽王也。	詩本義
昭元年 541B.C.	君子	周頌・烈文	詩曰：無競維人。	烈文，成王即政，諸侯助祭也。	詩本義
昭元年 541B.C.	晉叔向	大雅・烝民	詩曰：不侮鰥寡，不畏彊禦。	烝民，尹吉甫美宣王也。任賢使能，周室中興焉。	詩本義
昭二年 540B.C.	晉叔向	大雅・民勞	詩曰：敬慎威儀，以近有德。	民勞，召穆公刺厲王也。	詩本義
昭三年 539B.C.	君子	小雅・巧言	詩曰：君子如祇，亂庶遄已。	巧言，刺幽王也。大夫傷於讒，故作是詩也。	引申義
昭三年 539B.C.	君子	鄘風・相鼠	詩曰：人而無禮，胡不遄死。	相鼠，刺無禮也。衛文公能正其群臣而刺在位，承先君之化，無禮儀也。	詩本義
昭四年 538B.C.	魯申豐	豳風・七月	七月之卒章	七月，陳王業也。周公遭變故，陳后稷先公風化之所由，致王業之艱難也。	詩本義

昭四年 538B.C.	鄭子展	逸詩	詩曰：禮義不愆，何恤於人言？		
昭五年 537B.C.	仲尼	大雅・抑	詩云：有覺德行，四國順之。	抑，衛武公刺厲王，亦以自警也。	詩本義
昭六年 536B.C.	晉叔向	周頌・我將	詩曰：儀式刑文王之德，日靖四方。	我將，祀文王於明堂也。	詩本義
		大雅・文王	又曰：儀刑文王，萬邦作孚。	文王，文王受命作周也。	詩本義
昭六年 536B.C.	宋向戌	大雅・板	詩曰：宗子維城，毋俾城壞，毋獨斯畏。	板，凡伯刺厲王也。	引申義
昭六年 536B.C.	晉叔向	小雅・角弓	詩曰：爾之教矣，民效矣。	角弓，父兄刺幽王也。不親九族而好讒佞，骨肉相怨，故作是詩也。	詩本義
昭七年 535B.C.	楚 芋尹無宇	小雅・北山	詩曰：普天之下，莫非王土，率土之濱，莫非王臣。	北山，大夫刺幽王也。役使不均，己勞於從事，而不得養其父母焉。	詩本義
昭七年 535B.C.	晉平公	小雅・十月之交	詩所謂：彼日而食，于何不臧。	十月之交，大夫刺幽王也。	詩本義
昭七年 535B.C.	晉大夫	小雅・常棣	詩曰：鶺鴒在原，兄弟急難。	常棣，燕兄弟也。閔管蔡之失道，故作常棣焉。	引申義
		小雅・常棣	又曰：死喪之威，兄弟孔懷。	常棣，燕兄弟也。閔管蔡之失道，故作常棣焉。	引申義
昭七年 535B.C.	仲尼	小雅・鹿鳴	詩曰：君子是則是效。	鹿鳴，燕群臣嘉賓也。既飲食之，又實幣帛筐篚，以將其厚意，然後忠臣嘉賓得盡其心矣。	引申義
昭七年 535B.C.	晉士文伯 （伯瑕）	小雅・北山	詩曰：或燕燕居息，或憔悴事國。	北山，大夫刺幽王也。役使不均，己勞於從事，而不得養其父母焉。	斷章取義
昭八年 534B.C.	晉叔向	小雅・雨無正	詩曰：哀哉不能言，匪舌是出，唯躬是瘁，哿矣能言，巧言如流，俾躬處休。	雨無正，大夫刺幽王也。雨自上下者也，眾多如雨，而非所以為政也。	斷章取義
昭九年 533B.C.	魯叔孫婼	大雅・靈臺	詩曰：經始勿亟，庶民子來。	靈臺，民始附也。文王受命，而民樂其有靈德，以及鳥獸昆蟲焉。	詩本義
昭十年 532B.C.	齊桓子	大雅・文王	詩云：陳錫載周。	文王，文王受命作周也。	詩本義
昭十年 532B.C.	魯臧武仲	小雅・鹿鳴	詩曰：德音孔昭，視民不佻。	鹿鳴，燕群臣嘉賓也。既飲食之，又實幣帛筐篚，以將其厚意，然後忠臣嘉賓，得盡其心矣。	引申義

昭十年 532B.C.	魯叔孫婼	小雅·正月	詩曰:不自我先,不自我後。	正月,大夫刺幽王也。	斷章 取義
昭十二年 530B.C.	楚子革	逸詩	詩曰:祈招之愔愔,式昭德音,思我王度,式如玉,式如金,形民之力,而無醉飽之心。		
昭十三年 529B.C.	周劉獻公	小雅·六月	元戎十乘,以先啓行。	六月,宣王北伐也。	引申義
昭十三年 529B.C.	仲尼	小雅·南山有臺	詩曰:樂旨君子,邦家之基。	南山有臺,樂得賢也。得賢則能爲邦家立太平之基矣。	詩本義
昭十六年 526B.C.	魯叔孫婼	小雅·雨無正	詩曰:宗周既滅,靡所止戾,正大夫離居,莫知我肄。	雨無正,大夫刺幽王也。雨自上下者,眾多如雨,而非所以爲政也。	引申義
昭二十年 522B.C.	齊晏子	商頌·烈祖	詩曰:亦有和羹,既戒既平,鬷嘏無言,時靡有爭。	烈祖,祀中宗也。	引申義
		豳風·狼跋	詩曰:德音不瑕。	狼跋,美周公也。周公攝政,遠則四國流言,近則王不知,周大夫美其不失其聖也。	引申義
昭二十年 522B.C.	仲尼	大雅·民勞	詩曰:民亦勞止,汔可小康,惠此中國,以綏四方,毋從詭隨,以謹無良,式遏寇虐,慘不畏明,柔遠能邇,以定我王。	民勞,召穆公刺厲王也。	詩本義
		商頌·長發	又曰:不競不絿,不剛不柔,布政優優,百祿是遒。	長發,大禘也。	詩本義
昭廿一年 521B.C.	魯叔孫婼	大雅·假樂	詩曰:不解于位,民之攸墍。	假樂,嘉成王也。	引申義
昭廿三年 519B.C.	楚沈尹戌	大雅·文王	詩曰:無念爾祖,聿脩厥德。	文王,文王受命作周也。	詩本義
昭廿四年 518B.C.	鄭子大叔	小雅·蓼莪	詩曰:缾之罄矣,惟罍之恥。	蓼莪,刺幽王也。民人勞苦,孝子不得終養爾。	引申義
昭廿四年 518B.C.	楚沈尹戌	大雅·桑柔	詩曰:誰生厲階,至今爲梗。	桑柔,芮伯刺厲王也。	詩本義
昭廿五年 517B.C.	宋樂祈	大雅·瞻卬	詩曰:人之云亡,心之憂矣。	瞻卬,凡伯刺幽王大壞也。	引申義

昭廿六年 516B.C.	齊晏子	大雅·大明	詩曰：惟此文王，小心翼翼，昭事上帝，聿懷多福，厥德不回，以受方國。	大明，文王有明德，故天復命武王也。	詩本義
		逸詩	詩曰：我無所監，夏后及商，用亂之故，民卒流亡。		
昭廿六年 516B.C.	齊晏子	小雅·車舝	詩曰：雖無德與女，式歌且舞。	車舝，大夫刺幽王也。褒姒嫉妒，無道並進，讒巧敗國，德澤不加於民，周人思得賢女以配君子，故作是詩也。	斷章取義
昭廿八年 514B.C.	晉司馬叔游	大雅·板	詩曰：民之多辟，無自立辟。	板，凡伯刺厲王也。	詩本義
昭廿八年 514B.C.	晉成鱄	大雅·皇矣	詩曰：唯此文王，帝度其心，莫其德音，其德克明，克明克類，克長克君，王此大國，克順克比，比于文王，其德靡悔，既受帝祉，施于孫子。	皇矣，美周也。天監代殷，莫若周，周世世脩德，莫若文王。	詩本義
昭廿八年 514B.C.	仲尼	大雅·文王	詩曰：永言配命，自求多福。	文王，文王受命作周也。	引申義
昭卅二年 510B.C.	衛彪傒	大雅·板	詩曰：敬天之怒，不敢戲豫，敬天之渝，不敢馳驅。	板，凡伯刺厲王也。	引申義
昭卅二年 510B.C.	晉史墨	小雅·十月之交	詩曰：高岸爲谷，深谷爲陵。	十月之交，大夫刺幽王也。	引申義
定四年 506B.C.	楚郥公辛	大雅·烝民	詩曰：柔亦不茹，剛亦不吐，不侮矜寡，不畏彊禦。	烝民，尹吉甫美宣王也。任賢使能，周室中興焉。	詩本義
定九年 501B.C.	君子	邶風·靜女	靜女之三章。	靜女，刺時也。衛君無道，夫人無德。	引申義
		鄘風·干旄	〈干旄〉何以告之。	干旄，美好善也。衛文公臣子多好善，賢者樂，告以善道也。	引申義
		召南·甘棠	詩云：蔽芾甘棠，勿翦勿伐，召伯所茇。	甘棠，美召伯也。召伯之教，明於南國。	引申義
定十年 500B.C.	君子	鄘風·相鼠	詩曰：人而無禮，故不遄死。	相鼠，刺無禮也。衛文公能正其群臣而刺在位，承先君之化，無禮儀也。	詩本義

定十年 500B.C.	魯駟赤	唐風·揚之水	揚水卒章之四言	揚之水，刺晉昭公也。昭公分國以封沃，沃盛強，昭公微弱，國人將叛而歸沃焉。	詩本義
哀二年 493B.C.	晉樂丁	大雅·緜	詩曰：爰始爰謀，爰契我龜。	緜，文王之興，本由大王也。	詩本義
哀五年 490B.C.	鄭子思	大雅·假樂	詩曰：不解于位，民之攸墍。	假樂，嘉成王也。	引申義
		商頌·殷武	商頌曰：不僭不濫，不敢怠皇。（命以多福）	殷武，祀高宗也。	引申義
哀廿六年 469B.C.	魯子贛	周頌·烈文	詩曰：無競惟人，四方其順之。	烈文，成王即政，諸侯助祭也。	詩本義